Alano Verlag

Herausgeber:
Volkshochschule Aachen – Lucrezia Hartmann
Evangelische Studentengemeinde Aachen – Helmut Aston

RELIGIONEN DER WELT

Eine Vortragsreihe im Jahre 1989

ALANO
edition herodot

Titelabbildung aus: K. Blossfeld
"Urformen der Kunst"
Die bibliophilen Taschenbücher
Harenberg Kommunikation
Dortmund 1982

CIP-Titelaufnahme der Deutschen Bibliothek

Religionen der Welt: eine Vortragsreihe im Jahr 1989 / hrsg. von d. Volkshochsch. Aachen - Lucrezia Hartmann u.d. Evang. Studentengemeinde Aachen - Helmut Aston. - 1. Aufl. - Aachen : Alano-Verl., Ed. Herodot, 1990
ISBN 3-89399-096-8
NE: Hartmann, Lucrezia [Hrsg.]; Volkshochschule <Aachen>

Kongreßstr. 5
D-5100 Aachen

Titelgestaltung: Scala Design, Aachen
Druck: Becker-Kuns GmbH, Aachen

1. Auflage
ISBN 3-89399-096-8

Inhalt

Vorwort

Das vorliegende Buch ist die Dokumentation einer Vortragsreihe, die zwischen Ende April und Ende November 1989 von der Volkshochschule der Stadt Aachen, der Evangelischen Studentengemeinde und der Katholischen Hochschulgemeinde der RWTH Aachen veranstaltet worden ist.

Über der Planung der insgesamt acht Vorträge hätte das Motto »Kein Weltfriede ohne Religionsfriede« stehen können, das Thema einer internationalen Tagung, die von Hans Küng angeregt und im Februar 1989 vom Goethe-Institut und der UNESCO in Paris veranstaltet wurde.

Friede in der Welt setzt Verständigung und Verständnis zwischen den Beteiligten voraus. Dabei geht es um den Dialog zwischen den Vertretern verschiedener Positionen bzw. Religionen: Es geht also um das Gespräch im Sinn einer Ökumene, die nicht nur die christlichen Kirchen meint, sondern alle Religionen einbezieht.

Dieser Dialog zwischen den Angehörigen verschiedener Religionen wiederum setzt Kenntnis voraus, Kenntnis der eigenen und der fremden Religionen. Thomas von Aquin ging im 13. Jahrhundert so weit, zu fordern, man müsse seine Dialogpartner besser kennen als diese sich selbst. Diese Forderung erscheint uns in ihrer Radikalität uneinlösbar, enthebt uns aber nicht der Mühe, uns auf Positionen und Argumente Andersglaubender und -denkender einzulassen und sie ernst zu nehmen.

Wir haben die Vortragsreihe in dem Bewußtsein durchgeführt, daß die Erkenntnis der Wahrheit immer erst vor uns liegt. Dabei stellten wir bewußt den Absolutheitsanspruch der Christen, der vielfach zu Intoleranz und Gewalt geführt hat, in Frage. Wir fragten vielmehr mit Karl Jaspers: *Gibt es mehrere Wahrheiten oder nur eine? ... Ist die Wahrheit in allen Religionen, nur in verschiedenen Kleidern? Ist im Grunde eine einzige Religion in der Mannigfaltigkeit verborgen?*[1]

---

[1] Karl Jaspers: Die nichtchristlichen Religionen und das Abendland. Radiovortrag 1954

Wir haben nicht einen vollständigen Überblick über alle Religionen der Erde in heutiger Zeit angestrebt, uns aber auch nicht auf die fünf »klassischen« Religionen beschränkt. Vielmehr haben wir – uns gegen die immer noch häufig gehandhabte Unterscheidung zwischen »Hoch-Religionen« und »primitiven Religionen« wendend – repräsentative Gruppen der letzteren einbezogen. Folgerichtig befaßt sich der letzte Vortrag auch mit den jüngsten religiösen Entwicklungen und zeigt an ihnen eine besondere – für viele unvermutete – geistig-religiöse Dynamik der Gegenwart auf.

Wir danken allen Referentinnen und Referenten für die Bereitschaft, ihre Vorträge zum Druck zur Verfügung zu stellen, und für die Mitarbeit beim Korrekturlesen sehr herzlich! Besonders herzlicher Dank gilt Frau Dr. Adelheid Schlott für die sorgfältige Erstellung des Manuskripts, ihr intensives Mitdenken und ihre nützlichen Vorschläge sowie die unermüdliche Redaktionsarbeit!

Der Druck dieses Buches ist nur möglich geworden mit Hilfe der großzügigen Unterstützung durch die Aachener und Münchener Aktiengesellschaft, die Evangelische Kirche im Rheinland und die Stadtsparkasse Aachen. Auch dafür herzlichen Dank!

Helmut Aston
Pfarrer der
Evangelischen Studentengemeinde
Aachen

Lucrezia Hartmann
Fachbereichsleiterin
an der Volkshochschule
der Stadt Aachen

Grundzüge des Hinduismus

Bernhard Kölver

I

Am Anfang ein merkwürdiger kleiner hinduistischer Brauch, der vielleicht etwas von dem Gefühl vermittelt, was es bedeutet, ein Hindu zu sein.

Er stammt aus dem Tal von Kathmandu, der Hauptstadt des Königreichs Nepal. Aus nepalischen Sitten und Bräuchen kann man viel über den Hinduismus lernen. Denn im Unterschied zu Indien blieb Nepal sowohl die muslimische wie die europäische Eroberung erspart; das Land war niemals Kolonie, und so sind Hinduismus und Buddhismus nie unter fremden Einfluß gekommen. Deshalb hat sich da vieles lebendig erhalten, was anderswo auf dem indischen Subkontinent verloren gegangen ist. Und bis heute versteht sich Nepal sehr bewußt als letztes hinduistisches Königreich der Erde und hegt und pflegt die Traditionen des Hinduismus.

Etwa in der Mitte des Tals von Kathmandu, abgelegen von den Strömen des Verkehrs und der Moderne, liegt ein ziemlich hoher Berg, der Caṅgu Nārāyaṇ. Seine ganze Kuppe nimmt ein Heiligtum ein. Dort oben wohnen eigentlich nur Götter, dazu ein paar Priester und Wächter: was halt sonst noch zum Dienst an den Götterbildern und Tempeln notwendig ist. Die Götterbilder gehören zum besten, das die reiche nepalische Kunst hervorgebracht hat. Die frühen sind alles Formen des Gottes Viṣṇu, des Erhalters in der klassischen hinduistischen Göttertrias.

Wann das Heiligtum entstanden ist, kann man schwer sagen: die früheste Inschrift ist mehr als 1500 Jahre alt, aber sie setzt schon eine lange Geschichte voraus. Die heutige verträumte, überirdische Ruhe läßt nur noch ahnen, daß der Tempelbezirk immer ganz wichtig war: 1694 z.B. hat eine Königin einen neuen Tempel gebaut, und als der fertig war, ließ sie sich in Gold und Edelsteinen aufwiegen und stiftete den Schatz dem Gotte. Der sitzt da also seit vielleicht 2000 Jahren und nimmt die Gaben der Gläubigen entgegen und schenkt ihnen seine Huld. Sein Bild - das den Gott verkörpert - befindet sich, den Blicken verborgen, in dem monumentalen Tempel mit seiner für Nepal typischen Pagodenform.

Zweimal im Jahr aber, zur Wintersonnenwende und einmal im Sommer, verläßt der Gott seinen angestammten Wohnsitz auf dem Berg und kommt hinunter nach Kathmandu, in die Stadt der Menschen und zum Königlichen Palast. Wie macht er das, wie kann ein Gott »gehen«?

Nach hinduistischem Glauben ist ein Götterbild »belebt« mit dem Wesen oder Geist des dargestellten Gottes: es wird in einer besonderen Zeremonie »beseelt«. Und wie ein Priester ein Bildwerk beleben kann, das da gemacht ist aus totem Stein oder Holz oder Stoff, so kann er, wenn er die richtigen Rituale kennt, dies Leben auch »versetzen«. Das geschieht ganz anschaulich und konkret: man braucht eine mit Wasser gefüllte Vase. Das kann ein einfacher Tonkrug sein, ist aber oft ein wohlgeformtes, kostbares Gefäß aus Messing, Silber oder gar Gold. Dann spannt man einen besonderen Faden vom Götterbild zur Vase, und durch den wird, durch richtige Worte und Silben bewogen, das Wesen der Gottheit aus dem Bild in die Vase überwechseln. So auch der Viṣṇu: man transferiert ihn in seinen Krug und trägt ihn hinunter zur Stadt. Wo früher das Stadttor von Kathmandu war, wird er mit Flöten und Trommeln und Ehrensalut begrüßt; Soldaten geleiten ihn zum Palast; viele Leute säumen den Weg und spenden Opfergaben, Blumen, Früchte, Münzen.

Warum besucht er den König? Ein Grund läßt sich leicht vermuten: er, den die Könige über die Jahrhunderte hin beschenkt haben, teilt seinen Segen sichtbarlich dem königlichen Hause mit. So sagt es aber die Legende nicht, und man ist versucht zu behaupten: sie kann es nicht so sagen; denn nach der richtigen, hierarchischen Ordnung müßte natürlich der König den Gott besuchen und nicht der Gott den König. Der Besuch hat also einen anderen Grund, und der ist gefährlich. Viṣṇu kommt, um dem König zu verkünden, er wolle das Tal verlassen. Das ist nun schlimm: der Caṅgu Nārāyaṇ ist das höchste viṣṇuitische Heiligtum des Tals; der König selbst zählt als Verkörperung Viṣṇus. So ist es eine sehr ernste Drohung, wenn das göttliche Vor- und Urbild des Königs das Reich verlassen will.

Nun greift der König zu einer List: er läßt sein Volk Wasserkrüge zerbrechen und die Scherben entlang der Straße aufstellen, die Viṣṇu nehmen will. Um das zu verstehen, muß man etwas über Vorzeichen und Symbole wissen. Ein voller Wasserkrug bringt

Glück, speziell auch bei Reise und Ankunft: so säumen irdene Wasserkrüge auch heute noch die Straßen in Kathmandu, wenn der König ausfährt oder ein Staatsgast kommt. Umgekehrt verheißen zerbrochene Wasserkrüge Unheil, auch den Göttern. Als Viṣṇu den König verläßt, wagt er nicht, sich dem schlechten Omen zu widersetzen: er geht nicht die Straße, die gewissermaßen verbarrikadiert ist, sondern kehrt zurück auf seinen Berg.

Das also geschieht auch heute noch, zweimal im Jahr. Wichtig ist daran zweierlei. Erstens: Was da oben unsichtbar thront auf dem Berge hinter der verschlossenen goldenen Tür, ist nicht ein totes Bild, sondern ein lebendiger Gott, der heruntersteigt und teilnimmt am Leben der Menschen. Und die Geschichte zeigt unüberhörbar ein zweites: Indem der Gott weggehen will, setzt er seinen Willen gegen den der Menschen. Aber die Menschen haben eine Chance selbst gegen ihn: die Wasserkrüge, die schlechten Omina stimmen ihn um. Es gibt demnach eine Ordnung, die gleichermaßen über ihm und den Menschen steht: auch der Gott ist ihr unterworfen.

Über die Ordnung möchte ich zuerst sprechen - überhaupt den heutigen Abend unter das Motto »Festlegung und Freiheit« stellen. Festlegung: das ist die rigide Lebens- und Sozialordnung der Hindus, ist auch ihre Lehre vom Aufbau der Welt und der Natur, nach der man sein Leben einzurichten hat. Das sind alte, im System begründete Regeln, und weil sie im System begründet und von langer Tradition geheiligt sind, ist es so unendlich schwer, sie zu ändern. Die Freiheit aber fängt da an, wo man der Natur und der Sozialordnung gerecht geworden ist. Sie äußert sich vor allem in der Religionsausübung, in den Vorstellungen über die Natur der Gottheit, also dann und da, wo jemand seinen sozialen Pflichten nachgekommen ist. Der Hinduismus kennt keine bindende geistliche Autorität, kennt nicht den Begriff der Häresie, schreibt niemandem vor, in welcher Form und mit welchen Mitteln er welchen Gott zu verehren hat. Mit anderen Worten: wir haben da eine Polarität: auf der einen Seite die genaue Festlegung des Sozialverhaltens, verbindlich, weil man glaubt, daß sie der Ordnung der Natur entspricht, und gegen die Natur zu handeln, wäre falsch. Polar (und komplementär) entgegengesetzt die Freiheit überall da, wo keine anderen Lebewesen betroffen sind.

Zunächst also die Festlegung.

Daß es bei den Hindus eine eigene Ordnung der Welt gibt, die von der unseren sehr verschieden ist, das merkt jeder beizeiten, wenn er mit Indern zu tun hat. Und wir merken auch schnell, daß diese überkommenen Verhaltensweisen sehr fest und tief sitzen.

Jeder denkt da natürlich zuerst an die Kasten, das für Indien typische Sozialsystem, wo die Geburt einem Menschen Beruf und soziale Stellung zuweist: nach dem traditionellen Kanon kann des Bauern Sohn nur wieder Bauer, des Schreiners Sohn nur wieder Schreiner werden, unausweichlich, unentrinnbar: in der Theorie also eine Gesellschaft ohne soziale Mobilität. Schärfste Sanktionen bedrohten den, der die Grenzen überschreitet: jeglicher Kontakt mit ihm würde beflecken wie eine Ansteckung. Und so schottet sich die Gesellschaft von dem Befleckten ab: wer sich nicht fügt, wurde ausgeschlossen, regelrecht ausgestoßen aus seiner Kaste, ohne die Möglichkeit, in einer anderen Aufnahme zu finden. Nun, in der Gegenwart geht all das zuende, wenn auch langsam und in kleinen Schritten. Die Festschreibung bestimmter sozialer Konventionen aber geht und ging viel weiter; man sieht sie desto deutlicher, je mehr man über Indien lernt. Mir ist vor kurzem ein kleines Werk in die Hände gefallen, der *Ācāramayūkha*, der Lichtstrahl Rechten Verhaltens (für Brahmanen, versteht sich), eine knappe, wohlorganisierte Kompilation der Regeln, die den Ablauf des täglichen Lebens bestimmen, 125 Seiten, und der handelt nach einer Einleitung die folgenden Themen ab:

Allgemeine Regeln - Erwachen - Ausscheiden von Kot und Urin - Reinigungsarten (d.h. nach den Ausscheidungsvorgängen: welche Hand verwenden; woher den Lehm nehmen; was machen in Keuschheit Lebende, Frauen, *Śūdras*; Entsühnung für einen, der ißt, ohne sich nach dem Urinieren gereinigt zu haben, usw.) - Reinigung von Schmutz aus dem Körper (12 Arten Unreinheit aus dem Körper: Fett, Samen, Blut, Mark, Urin, Kot, Ohrenschmalz, Nägel, Schleim, Tränen, Augenbutter, Schweiß) - Wasserschlürfen (eine religiöse Zeremonie zur Reinigung der Mundes) - Zähneputzen - Reinigungsmittel: wie sie benutzen usw. - Baden (einschließlich »Kurzbaden«): Baden nach Belieben - Baden im Schatten eines *Aśvattha*baums - Baden im Meer - Baden zu besonderer Gelegenheit/aus besonderem Anlaß (nachts baden verboten) - wann nicht baden - »indirektes« Baden (d.h. Substitutionen).

Auftragen des Stirnmales: wohin, woraus. - Verehrung in der Morgendämmerung - Murmeln der *Gāyatrī*[1] - Götterverehrungen nach Bedarf/Belieben: Feueropfer, Verehrungen ohne Feuer, d.h. mit Blumen, Reis usw. -
Nun das Essen. Vorbereitendes Opfer an alle Götter - das Essen: Gefäße - Zeitpunkt - *Einer der ißt, soll keine Frau während ihrer Periode, keinen Cāṇḍāla* [der niederste unter den Unberührbaren], *nicht Hund noch Hahn sehen; [passiert das doch,] soll er die Nahrung wegtun* [...] *Essen, in das ein Haar oder ein Insekt gefallen ist, [oder] das mit Wind aus dem Mund geblasen wurde, das ist dämonisch, so muß man wissen; und deshalb soll man es lassen [d.h. wegwerfen].* - Was man während des Essens nicht hören darf (*Wenn ein vorzüglicher Zweimalgeborener* [d.h. ein Brahmane] *auch nur einen Bissen ißt, während er einen Cāṇḍāla, einen aus der Kaste Ausgeschlossenen, eine Menstruierende reden hört, einen Tag Fasten.*) - Ergänzendes zum Essen.
Was nach dem Essen zu tun ist - Abendriten - Beischlaf: rechter Zeitpunkt - was dabei zu beachten - Reinheit dabei und danach - Götter, die den Schlaf behüten - in welcher Richtung soll der Kopf liegen (*im eigenen Haus nach Osten, im Haus des Schwagers/jüngeren Bruders nach Süden, auf Reisen nach Westen, niemals nach Norden*) - wo nicht schlafen - Träume und ihre Bedeutung - Beschwichtigung schlechter Träume.

So also kann man sich den Tageslauf des orthodoxen Hindu denken. Und in dieser Liste, die uns ja stellenweise absurd anmutet, sehen wir vor allem eins, und das ist die Einengung auf allen Seiten: selbst für die schlichtesten Verrichtungen des Tages liegt fest, was richtig ist und was falsch.

Regeln dieser Art sollen den einzelnen im Zustand der Reinheit erhalten, so daß er mit seiner Umwelt, seinen Kastengenossen kommunizieren kann und sich in Übereinstimmung mit dem Universum befindet.

Es sind ja aber nicht nur die Grundprinzipien der Organisation der Gesellschaft, wo wir unsere Schwierigkeiten haben. Auch viel anderes erscheint uns seltsam und abwegig, und das ist es, was dann die Spalten unserer Zeitungen füllt: die Heiligen Kühe; die nack-

[1] d.h. ein Vers aus dem Rigveda, gerichtet an den Sonnengott; das heiligste Gebet der Hindus

ten Asketen, die sich kasteien; Witwenverbrennung, Kinderheirat: immer die Sensation, oder sagen wir freundlicher, immer Fälle, wo indisches Verhalten und unsere Praktische Vernunft aufeinanderprallen, und wo Inder gegen die Erfordernisse der Gegenwart starr an den hergebrachten Verhaltensnormen festzuhalten scheinen.

Nun ist bei solchen Diskrepanzen zweierlei zu beachten. Einmal sind Listen von der Art der zitierten immer nur für eine bestimmte Gruppe gültig. Es gibt zwar eine Hierarchie von Werten und Leitbildern, die hoch und niedrig und die Formen des Umgangs bestimmt; es gibt aber nur ganz selten das bewußte Bestreben, andere zum Aufgeben ihrer angestammten Verhaltensweisen zu zwingen.

Zweitens haben diese uns oft wunderlich anmutenden - ja, man weiß nicht recht, ob man Vorschriften oder Empfehlungen sagen soll - fast immer eine an sich durchaus nachvollziehbare Begründung. Die wurzelt zwar häufig in einem alten Weltbild, das die Moderne als überholt betrachtet; aber das Wertesystem und die Ordnung der Welt, die sich da niedergeschlagen haben, nimmt man mitunter nicht ohne Betroffenheit zur Kenntnis.

Ich greife ein Beispiel heraus, die enorm frühen Heiraten und den Kinderreichtum, der ja eine geradezu verhängnisvolle Bedeutung hat in der heutigen Situation der Bevölkerungsexplosion: Geburtenüberschuß etwa 1 Million Menschen pro Monat; also in 5 Monaten kommen so viele Inder hinzu, wie ganz Dänemark Einwohner hat. Wie sieht die Begründung für die frühen Heiraten aus?

Die geht aus von, wenn man so will, der menschlichen Natur. In der Pubertät vollzieht sich eine sehr sichtbare Veränderung im weiblichen Körper; und damit erhebt sich zwangsläufig die Frage: wozu? Die Antwort liegt auf der Hand, und selbstverständlich gibt die indische Kultur sie nicht anders als unsere auch: Vorbereitung auf die Mutterschaft. Nun aber kommt die Konsequenz, die Indien in anderer und strengerer Weise zieht als das bei uns je der Fall war (und es ist nicht ganz einfach, hier nüchtern-beschreibende Worte zu finden, ohne gleichzeitig herzlos zu werden). Also etwa so: wenn die Natur das weibliche Wesen zur Fortpflanzung bereit macht, dann muß der Mensch dafür sorgen, daß das Wesen dieser seiner naturgegebenen Funktion nachkommen kann, sie muß verheiratet sein. Also hat der Vater dafür zu sorgen, daß ein Mädchen bei Eintritt der Menstruation verheiratet ist; wenn die Menstruation ungenutzt verstreicht - und dieses Wort »ungenutzt« taucht tatsächlich auf, in seiner ganzen Härte - versündigt sich Vater oder Gatte.

Unsere Kultur wird diese Einschätzung nicht teilen, und noch weniger die Konsequenzen, die die Inder daraus gezogen haben. Gleichwohl zeigt das Beispiel eins: solche wunderlichen Regeln haben oft nachvollziehbare Begründungen, sind nicht reine Priesterwillkür.

Und bei all der unerbittlichen Konsequenz dieses Denkens sehen wir an dem Beispiel auch ein anderes, nämlich wie der Mensch sich zurücknimmt vor dem Lauf der Natur: die Natur behält ihr Recht auch da, wo es wider die Lebensinteressen des Individuums geht. Wir leben unter dem biblischen »Machet euch die Erde untertan«; Indien ist gerade dabei, diese Einstellung vom Westen zu lernen - aber ich habe selbst den Gärtner erlebt, der sich weigerte, den auf der Hausmauer keimenden Schößling eines heiligen Baums auszuziehen.

Trotzdem: Forderungen liegen schwer auf dem Hindu - um so schwerer, weil die Begründungen, die gelehrten Erklärungen dem normalen Menschen nicht zugänglich sind. Sie sind Priesterwissen, und selbst bei den Priestern vererbt sich vor allem das Was und Wie, und nicht das Warum, das tote Ritual und nicht der lebendige Gedanke. Der normale Hindu lernt nur: so und so muß ich mich verhalten, so sagt mein Vater, mein Kastenältester, mein Priester; aber warum er eine Regel befolgen soll, das sagt ihm niemand. Das aber heißt: die Regeln treffen ihn in voller Grausamkeit.

Da liegt also Konfliktstoff, denn natürlich stellt jeder die Frage »warum«. Wo ist der Ausweg, der den Menschen sein Schicksal tragen läßt?

Gefunden hat Indien mehrere.

Am Anfang der radikalste. Das ist die völlige Herauslösung aus der Gesellschaft, das Leben als Asket, als Mönch oder Nonne. Seit vorchristlichen Zeiten gibt es in Indien immer neue religiöse Gruppen, Sekten, auch Individuen, die sich gänzlich aus dem weltlichen Leben herausgelöst haben und Gemeinschaften bilden, in denen das Regelwerk des Hinduismus ganz oder zum Teil außer Kraft gesetzt ist. Die bekannteste und bedeutendste unter ihnen ist der

Buddhismus. Der verlangt als Voraussetzung das völlige Heraustreten aus der Gesellschaft: der Lehre des Buddha folgen heißt mit dem indischen Ausdruck »in die Hauslosigkeit gehen«, d.h. alle weltlichen Bindungen hinter sich lassen, Familie und Kaste, Haus und Hof und allen Besitz: als Wandernder ziehen Mönch oder Nonne durch Indien, nirgends länger verweilend; nur während der Regenzeit dürfen sie sich längere Zeit an einem Ort, unter einem Dach aufhalten. Solches Leben läßt sich natürlich mit der Gesellschaft nicht vereinigen. Und so kann derjenige, der in der Welt leben muß oder will, nach der Lehre des Buddha kein Mitglied der Gemeinde sein: er ist bloßer Laienanhänger; theologisch gesprochen bereitet er sich auf eine neue Existenz, eine neue Geburt vor, in der die Lebensumstände ihm dann erlauben, ein Jünger des Buddha zu werden.

Das also ist die erste Art, sich aus den Fesseln zu lösen: die grundsätzliche Negierung des Lebens in der Welt. Und es sind keineswegs nur die Buddhisten, die diesen Weg für den einzigen wirklich gangbaren halten: Asketen und Asketenorden hat es immer gegeben, und sie haben immer Ansehen in der Gesellschaft genossen, und die Gesellschaft hat sie erhalten.

Einen Einwand allerdings hat der Hauptstrom des Hinduismus immer gegen das Asketentum erhoben - und diesen Einwand könnte man sich förmlich herausrechnen, wenn man an die Kinderheirat und ihre Begründung zurückdenkt: wo bleibt dann die Welt mit ihren Rechten, wo bleibt dann die Natur? Denn wer sich ganz aus dem Leben zurückzieht, negiert damit die Welt, und das ist bedenklich aus zwei Gründen: man macht damit etwas zunichte, das man nicht selbst geschaffen hat und das die meisten Hindus als göttliche Schöpfung begreifen; man greift ein in die Natur, und das ist falsch. Zweitens negiert man das, dem man sein Leben und seine Existenz verdankt. In ihrer anschaulichen Sprache reden die Hindus da von den Schulden, die ein Mensch im Lauf seines Lebens abzutragen hat. Alle Wesen haben ihr Leben von ihren Eltern empfangen; so ist es ihre Pflicht, diese Schuld zurückzutragen und Leben weiterzugeben, also sich zu verheiraten und Kinder zu zeugen. Man sieht, hier führt der Hinduismus ein zweites Mal weg von dem uns vertrauten Denken: bei uns redet jeder von seinem Leben; in der hinduistischen Auffassung aber ist das Leben, das ich lebe, nicht im strengen Sinne mein.

Demnach ist die Bestimmung des Menschen zunächst einmal, die Welt am Leben zu halten, so wie man sie vorgefunden hat. Wer so sagt, räumt natürlich der Tradition eine hohe, eine fast unanfechtbare Stellung ein: Ich muß mich in die Stellung finden, in die ich hineingeboren bin, habe zuallererst die sozialen Pflichten zu erfüllen, die in meiner Familie, Kaste, Gegend üblich sind. Was ich aber von meinen Pflichten halte, zählt nichts.

Das legt eine schwere Last auf die Schultern der Menschen. Wie macht man sie erträglich?

Es gibt da eine Antwort, die auch unserem Kulturkreis nicht fremd ist.

Sie ist am klarsten ausgesprochen in der Bhagavadgītā, dem »Gesang des Erhabenen«, dem vielleicht berühmtesten Lehrgedicht der Hindus. Da sagt der Mensch gewordene Gott zu seinem Gefährten (2.47):

Deine Aufgabe (liegt) einzig im Handeln/Tun, nie aber in dessen Früchten (= Resultaten). (Handle) nicht wegen der Früchte des Handelns. Aber auch vom Nicht-Handeln halte dich fern.

Wir kennen Vergleichbares unter dem Schlagwort »eine Sache um ihrer selbst willen tun«: eine Handlungsethik, die nicht weiter nach dem Resultat des Handelns fragt; es genügt, daß die Tradition, der Comment es vorschreibt. Pflichterfüllung, keine Frage, aber es ist auch Mechanik und Ritualisierung des Handelns. Die ist voll aufs Alltagsleben durchgeschlagen, und sie ist einer der Faktoren, die die Entwicklung und Modernisierung des Landes unendlich verlangsamt.

Da scheinen alle Elemente einer ausgeprägt traditionsorientierten Gesellschaft versammelt, bis hin zu repressiven Zügen, und Sie mögen das Ganze vielleicht als Skizze zu einem eher deprimierenden Bild ansehen. Aber es ist eben nur die eine Seite, die wir betrachtet haben, die Festlegung, das Verhältnis des Menschen zur Welt.

II

Zu seiner wahren Größe erhebt sich der Hinduismus, wo er das Verhältnis des Menschen zum Ewigen bedenkt und bespricht: da gewinnt das Individuum die Freiheit, die ihm die Sozialordnung versagt.

Die Freiheit spürt und erfährt man am deutlichsten in der Religion, in der Verehrung der Götter. Der Hinduismus gilt als polytheistisch, und das ist auch richtig, wenn man an die unendliche Zahl der Göttererscheinungen und Bildwerke denkt. Das fängt an bei der überbordenden Fülle der Figuren, die die Tempel schmükken, führt über die winzigen Heiligtümer irgendwo am Wegrand, die kleinen ausgesparten, unbebauten Flecken in einem Feld, die heiligen Steine, Bäume und Quellen, und endet bei den zahllosen Symbolen der Gottheiten in Silbe und Spruch, Gemälde und Diagramm. Von einer unendlichen Zahl reden in gewissem Sinn die Hindus selbst: 33 mal zehn Millionen sollen es sein - und das kann doch nur heißen, die Schar der Götter ist unüberschaubar geworden; wir werden noch sehen, daß das eine bildhafte Ausdrucksweise ist, hinter der etwas ganz anderes liegt. Um das zu erklären, muß ich einen gewissen Umweg gehen und auf einige Grundgedanken des Hinduismus zu sprechen kommen über Werden und Vergehen und den Aufbau der Welt.
Denn in seinen Anfängen versteht sich der Hinduismus eher als eine Naturphilosophie denn als Religion.

(1) Das Uranfängliche Eine

Fangen wir an mit einem Satz aus dem ältesten indischen Literaturdenkmal, dem Rigveda. *Nicht Nichtsein, nicht auch Sein war damals*, so heißt es in einer Hymne, die vom allerersten Anfang der Welten spricht, und in diesen dunklen Worten kündet sich etwas an, das immer das Ziel des Hinduismus blieb: die Einheit und den ersten Anfang zu erkennen, die hinter der Vielfalt der Phänomene liegen.

Das läuft diametral dem Weg entgegen, den Gesellschaft und Wissenschaft bei uns gegangen sind. Wir richten das Auge stets zuerst auf das Einzelne, das Besondere eines Dings: Pflanze oder Element werden beschrieben und »definiert«, d.h. ausgegrenzt nach ihren spezifischen Eigenschaften. So nehmen Beschreibung und Analyse bei uns in Wissenschaft und Erkenntnisstreben stets die erste Stelle ein.

Hindus zielen demgegenüber auf Synthese - stets und immer, ist man versucht zu sagen, und von frühesten Zeiten an; und sie glaubten sich schon zur Synthese fähig, als der Grundstock an Beobachtungen für ein in unserem Sinn tragfähiges Gebäude noch viel zu klein war.

Ein längeres Beispiel will ich geben, das einen Bezugsrahmen gesetzt hat für das Denken der hinduistischen Orthodoxie.

In den alten Texten, die in den *Upanishaden* gipfeln, können wir verfolgen, wie sich eine Naturphilosophie herausbildete, eine Elementenlehre nicht unähnlich der der Vorsokratiker. Nach ihr besteht die Welt aus Elementen, fünf an Zahl: Erde, Wasser, Feuer, Wind und jenseits des Windes der leere Äther, Sitz des Wortes und der Wahrheit. Aus diesen fünf besteht alles, was ist.

An dieser Theorie ist vor allem eins wichtig geblieben, nämlich der Gedanke von der Wesensverwandtschaft und letztlichen Einheit alles Bestehenden. Über die Jahrhunderte zieht sich diese Grundüberzeugung durch den Hauptstrom des Hinduismus.

Die frühe Analyse, die ich hier nur in groben Zügen skizzieren kann, hat die Inder zu einer Theorie geführt, die wiederum sehr folgenreich gewesen ist. Noch einmal die Elemente: Erde, Wasser, Feuer, Wind, Äther oder Leerer Raum. Die haben der Reihe nach spezifische Eigenschaften, etwa so: Wie nimmt man den Wind wahr? Man kann ihn fühlen, aber nicht sehen. Feuer hingegen spürt und sieht man. Fühlen und sehen kann man Wasser auch: dazu aber hat es eine weitere Eigenschaft, den Geschmack. Die Erde schließlich hat alle diese Eigenschaften, und zusätzlich haftet ihr noch Geruch an.

Betrachtet man nun diese Kette (Berührung - Sichtbarkeit - Geschmack - Geruch), so bemerkt man, daß den genannten Eigenschaften der Materie ja jeweils ein Sinnesorgan des Menschen entspricht: der Berührung die Haut, dem Licht das Auge, dem Geruch die Nase und dem Geschmack die Zunge. Und auch der Leere Raum, Sitz des Wortes, läßt sich im Körper wiederfinden: zu ihm gehört das Ohr, mit dem man den Ton erfaßt.

Da leuchtete schlagartig etwas auf, das überaus folgenreich werden sollte. Der Wahrnehmungsapparat des Menschen, so schloß man, ist ja ersichtlich parallel zu dieser Weltstruktur. Man war also offenbar auf ein Grundprinzip der phänomenalen Welt gestoßen.

Nun wird als nächstes die Seele in dieses Schema einbezogen. Wenn Welt und Mensch nach dem gleichen Plan gebaut sind, dann muß doch die menschliche Seele eine Entsprechung haben in der Welt? Der Einzelseele des Individuums (dem *Ātman*) entspricht also eine Weltseele (das *Brahman*).

Und nun ist man gerüstet zum letzten, entscheidenden Schritt. Im Menschen ist Atem: das ist sein Wind; im Menschen ist Wärme, das ist das Feuer; Wasser und Erde sind in ihm als Blut und Knochen und Fleisch. Ist denn nicht aber die Wärme in seinem Leib Teil vom Element Feuer, und so mit den anderen Elementen auch? Mit anderen Worten: der Mensch spiegelt die Schöpfung und ist Teil von ihr: auch seine Seele kann nichts anderes sein als Teil der Weltseele. *Der Mikrokosmos Mensch,* so sagt man, *entspricht dem Makrokosmos Welt.*

Da bildet sich in einem Furioso einander überstürzender Gedanken eine einheitliche, alles umfassende Sicht der Welt heraus, und die zeichnet dem Menschen seine wahre, eigentliche Natur: er ist Teil des großen Ganzen, seine Individualität aber nichts als zeitbedingte Ausgliederung, gültig und existent nur in der kurzen Spanne zwischen Zeugung und Tod. So ist es sein Ziel und *telos* zurückzukehren dahin, woher er gekommen ist, zum Allumfassenden, Ewigen, Wahren: die Wärme in ihm gehe zum Feuer, sein Flüssiges zum Wasser, seine Seele aber gehe in die Weltseele ein.

Das Individuum, so erklärt ein altes Bild, ist wie ein Tropfen Wasser. Gewiß, der existiert als eigene Gestalt und Einheit. Aber er ist natürlich Teil des Wassers schlechthin; zu den anderen Wassern strebt er, und in den Wassern angekommen hat er seine Individualität verloren: er löst sich auf und geht ein in die uranfängliche Substanz.

Das ist der Gedanke von der Einheit alles Seienden, das aus dem Allumfassenden hervorgeht und zu ihm zurückstrebt. Seine entscheidenden Züge finden sich schon in den *Upanishaden*, d.h. in der Frühphase der Überlieferung, die sicher vor der Mitte des 1. vorchristlichen Jahrtausends abgeschlossen war. Und er bestimmt auch heute noch die Weltanschauung der breiten Masse der Hindus.

(2) Wiedergeburt

Auch die Lehre von der Wiedergeburt, eine der Grundannahmen aller indischen Religionen weit über den Hinduismus hinaus, hängt aufs engste mit diesem Gedanken von der Einheit zusammen.

Noch einmal: Aus den Elementen besteht alles Geschaffene, Belebtes und Unbelebtes. So entsteht ein Bewußtsein von der fundamentalen Einheit alles Belebten. Denn jede Einzelseele (jeder *Ātman*) gilt dem klassischen Hinduismus als Teil der Weltseele (des *Brahman*): bis hin zu den Gestalten der Götter, sagen manche, schließt sich alles Lebendige zusammen zu einer großen Kette der Existenzen - alle bilden ein Kontinuum, das bei den kleinsten Lebewesen beginnt und im Menschen seine Krönung erfährt. So enthüllt sich dem Denker die ganze chaotische Vielfalt des Geschaffenen als ein geordneter Kosmos, in dem alles seinen naturgegebenen Platz hat. Da nähern wir uns auf einem anderen Weg wieder der Achtung vor der Natur, von der wir schon gesprochen haben. Und diese Achtung wird verstärkt durch die Lehre von der Wiedergeburt und der Vergeltung der Taten.

Es gibt mehrere Gedankengänge, sie zu rechtfertigen und zu erklären. Ich skizziere nur einen.

In unserer menschlichen Existenz soll ein Wesen seine Fähigkeiten dazu nutzen, sich von der Welt zu lösen, seine Seele von den Fesseln des individuellen Seins zu befreien, ganz so, wie der einzelne Tropfen seinem Wesen nach Wasser ist und darum zum Wasser gehört und strebt. Das ist schwer, denn der Mensch haftet an dieser Welt; sein Wünschen und Wollen ziehen ihn nach außen zu Dingen und Personen, die er liebt oder haßt. Das lenkt ihn ab von seinem Innern, vom *Ātman*, der in ihm wohnt. Durch Wollen und Wünschen verstrickt sich der Mensch immer tiefer in den Weltenkreislauf; Wollen und Wünschen heften sich an seine Seele wie eine Substanz, kleben förmlich an ihr, beschweren und trüben sie. Und diese Verstrickung ist auch mit dem Tod keineswegs aufgehoben. Denn eine der Welt zugewandte Seele ist nicht rein und klar, sondern belastet und befleckt mit den Auswirkungen ungesühnter Taten, den Erinnerungen an nicht ausgelebte Wünsche.

Die Weltseele aber ist rein. In sie eingehen, d.h. erlöst werden, kann also nur eine ungetrübte Einzelseele, die nicht mehr an den Dingen dieser Welt hängt. So lange ein unerledigter Rest der Außenwelt an ihr haftet, verhindert der die Vereinigung, wie sich Öl nicht mit Wasser mischt. Dann geht die Seele in einen neuen Körper ein: wer unrein ist, wird unrein wiedergeboren. In scholastischer Manier rankt sich eine regelrechte Kasuistik um diese Grundvorstellung; besonders die Buddhisten haben solche schlichtem Denken angepaßte Verdeutlichung gepflegt. Da ist der Metzger, der bei Tag Schafe tötet, aber abends und nachts fromm und tugendhaft lebt: in seiner nächsten Existenz wird er am Tage von Höllenwesen gepeinigt, aber in der Nacht genießt er »himmlische Freuden«. So einfach das Beispiel, so treffend ist es: ein Mensch wird so lange wiedergeboren, bis er zur erlösenden Einsicht gekommen ist und sie auch anwendet, d.h. dem Rechten Wandel folgt. Er tut also gut daran, sein Leben so einzurichten, daß er fleckenlos wird.

So also in aller Kürze eine der Begründungen für die Lehre von der Wiedergeburt. Danach versteht man nun eine der wichtigen Lebensmaximen, nämlich dies »eine Sache um ihrer selbst willen tun«, oder, um mit einem Bild zu reden, das wieder der Bhagavadgītā entstammt: man soll sein Denken und Fühlen von der Welt zurückziehen, wie eine Schildkröte bei einer Berührung ihre Glieder zusammenzieht.

Auch das führt uns beiläufig zurück zur Natur: All die Lebewesen, die uns umgeben, haben Seelen, die sich gleich der unseren auf dem Weg zur Erlösung befinden. Der Gedanke von der Kette der Lebewesen erhält da eine neue und tiefe Rechtfertigung. Da ist, wenn Sie so wollen, wieder ein Grund für die Heiligkeit der Natur, oder, wie es die Inder sagen, *tat tvam asi*, *das bist du.*

Die verschiedenen Existenzformen sind also nicht scharf abgesonderte Kategorien, sondern es gibt fließende Übergänge zwischen Mensch und niederen Lebewesen (denn auch als Tier kann man wiedergeboren werden: die Zeit schafft immer andere Formen, die nicht ganz neu sind und auch das Alte nicht genau wiederholen). So ergibt sich ein ewiger Kreislauf von einer Existenz in die andere, dem alle Wesen unterworfen sind. Das ist der Weltenkreislauf oder *Saṃsāra*.

Und Spätere dehnen dieses Modell auf die Welten, auf das ganze Universum aus: auch das entsteht und vergeht in stetem Wechsel. Von riesigen Zeiträumen ist da die Rede. Eine Weltperiode mißt 4.320.000 Jahre; wenn sie endet, folgt ein ebenso langer Zeitraum, in dem die Schöpfung ruht, um sich danach wieder neu zu entfalten. Das sind Zeitspannen, vor denen die Lebenszeit des Menschen, vor denen die ganze Weltgeschichte zur Bedeutungslosigkeit herabsinkt: kein Wunder, daß Indien sich für Historie immer nur *sub specie aeternitatis* interessiert hat.

(3) Die Götter

Dies erste Umrisse einer Weltanschauung, die mehr von einer altertümlichen Naturphilosophie hat als von einer Religion. Hermann Oldenberg, der vielleicht bedeutendste Indologe des letzten Jahrhunderts, hat diesen Aspekt treffend benannt, als er dieses frühe Denken als *Vorwissenschaftliche Wissenschaft* bezeichnete. Wie passen nun die Götter in dieses Weltbild, all die 33 mal Zehn Millionen?

Kehren wir noch einmal zurück zum Anfang, zu dem zitierten Vedavers: *Nicht Nichtsein noch auch Sein war damals*. Da denkt man an einen der klassischen Mythen des indischen Mittelalters, oft erzählt, oft auch in der bildenden Kunst dargestellt. In den uranfänglichen Wassern liegt auf einer riesigen, geringelten Schlange der Gott Viṣṇu, mit geschlossenen Augen: niemand weiß, ob er schläft oder träumt. So ruht er zwischen den Weltperioden, vor aller Schöpfung, in der Zeit, wo *nicht Nichtsein war noch auch Sein.*

Das aber ist im Grund der gleiche Ausgangspunkt wie der des naturphilosophischen Modells, nur hat das Letzte, Höchste, Absolute hier Namen angenommen und Gestalt. Da wird eine abstrakte Erkenntnis sozusagen umgegossen in personalisierte Form; was sich vorher nur dem reflektierenden Denken erschloß, wird nun auch der frommen Verehrung zugänglich; im Prinzip aber ist kein Unterschied zwischen den beiden.

Und es gibt ein zweites Bildmotiv, das unmittelbar an das erste anknüpft und in einem ersten Schritt zeigt, wie die Welt entsteht. Wieder der gleiche entrückte Viṣṇu in den Wassern. Aus seinem Nabel aber wächst ein Lotus hervor. Der öffnet sich, und in der Blüte manifestiert sich Brahmā, der Gott des Heiligen Wortes, des *Veda*. Das ist die erste Stufe in der Entfaltung, der Beginn einer neuen Weltperiode.

Beide, das theistische und das abstrakte Modell, sind für den Hinduismus nur Varianten des gleichen Grundgedankens: Die Welt - und das heißt: alles was ist, war oder sein wird in Vergangenheit, Gegenwart und Zukunft - geht hervor aus einem Einzigen Höchsten, Allumfassenden. Dies Eine Uranfängliche haben sich manche gedacht als abstraktes Prinzip, andere als persönliche Gottheit. Die verehren die einen unter dem Namen Viṣṇu; den zweiten erscheint es in anderer Form: als der asketische, zornige, dämonische, Krankheiten bringende Śiva, der ruhelos in den Bergen schweift; dritten vielleicht als Brahmā, der tätige Gott des Erschaffens. Wieder anderen ist sie weiblich, die Große Mutter mit unendlichen Namen und Formen: »die schwer Zugängliche«, »die Schwarze«, »die Gelbe«, »die vom Berge«, »die den Büffel tötet« usw. Die meisten Menschen sehen in diesen Namen verschiedene Gestalten - aber das ist ein Irrtum, sagt schon der früheste indische Text, der Rigveda, wo es heißt: *Was eins ist, das benennen die Weisen vielfach*. Schon damals in der allerältesten Schicht der indischen Überlieferung hatte man hinter der Vielzahl der göttlichen Gestalten ein einziges Prinzip erkennen können.

Am Anfang also steht das Allumfassende Eine, das im Grunde nicht zu benennen ist, weil es alles umfaßt. Insofern ist es auch nicht wirklich entscheidend, welchen Namen es trägt. Jede Benennung grenzt ein und aus. Schon darum ist sie Stückwerk.

Das ist eine Wahrheit, die uns Menschen lange schwer ergründbar bleibt. Denn die Dinge der Welt sehen wir gewohnheitsmäßig als gesonderte Einheiten an: wir richten unser Auge automatisch nicht auf das Verbindende, sondern auf das Trennende, Unterscheidende. Anders die Hindus.

Hören wir ein Stück aus einer Hymne, wie sie heutzutage gesungen wird zum Preis des Ewigen:

Strahlen ist [das Göttliche] seinem wahren Wesen nach; [...] der rechte Glaubenswandel ist nur dies: Versenkung ins nicht-Gestalthafte. Man kennt es als untätig, ureigene Seligkeit, Anfang der Welt [...] Als nicht spaltbar, ohne Unterschied, unendlich, grenzenlos, unauslotbar, ungehindert, ohne Stütze, als den Kern (des Seins) [...][2]

Schauen Sie, wie der Dichter die Gottheit beschreibt. Er braucht fast nur Verneinungen: *nicht gestalthaft, untätig, nicht spaltbar, ohne Unterschied, unendlich, grenzenlos, unauslotbar, ungehindert, ohne Stütze*: man kann dem Uranfänglichen Gott, dessen Wesen mystisch aufleuchtet, keine Eigenschaften beilegen: alles, was man sagen könnte, wäre unzulänglich angesichts der Ureigenen Seligkeit, des Anfangs der Welt.

---

[2] Nach M. Thiel-Horstmann: Nächtliches Wachen. Bonn 1985, S.86

Dies Uranfängliche schafft die einzelnen Gestalten - oder nein, es »schafft« sie nicht, sondern die Hindus sagen, es entläßt die Gestalten aus sich: das Abstrakte Höchste entfaltet sich, vielleicht wie eine Knospe aufspringt und die Blüte zeigt, die latent in ihr verborgen ist, und diese Blüte wandelt sich dann weiter zur Frucht. Also ein Prozeß der Evolution oder Emanation, viel weniger aktiv als das biblische *Am Anfang schuf Gott Himmel und Erde.*

Noch einmal: wie sollte man dies Oberste benennen können, das alles in sich birgt? Manche halten jeden Versuch für verfehlt, einen Namen zu finden: sie sprechen dann vom Seienden oder vom Wahren. Denn jede Gestalt wäre im Vergleich zu diesem Höchsten Einen nur ein Teil und damit weniger wahr. Würde ich Viṣṇu sagen oder Christus, dann grenzte ich aus und schränkte die Gottheit ein; ich spräche von einer bestimmten Manifestation und würde die göttliche Natur anderer Offenbarungen verkennen. (Hier versteht man, warum der Hinduismus sich so leicht damit tut, die Götter anderer Religionen zu akzeptieren.)

Trotzdem: es gibt Menschen, die versuchen, dies Höchste gestalthaft zu fassen, und sei es nur, um es verehren zu können. Sie mögen es dann Śiva nennen oder Viṣṇu oder sonstwie. Noch einmal zu unserem zweiten Bild, dem Viṣṇu, der schlafend oder träumend in den Wassern ruht, zum Lotus, der aus seinem Nabel emporwächst. Der öffnet sich, und es manifestiert sich Brahmā, der Gott des Wortes der Offenbarung. Viele meinen, er habe unsere Welt mit ihren Phänomenen geschaffen. Dies Geschaffene schafft seinerseits weiter, bis hin zu Mensch und Tier und Pflanze: so ergibt sich eine fortgesetzte Kette von Entfaltungen, die schließlich bei dem endet, was unsere sichtbare Welt ausmacht. Das alles ist aber letztlich nur Schein, nur Phänomen; das Letzte Wahre ist der Gott, der alles in sich birgt und in dem sich alle Gegensätze auflösen.

So hat es auch viele Hindus gegeben, denen die Vorstellung verschiedener Götter ungenügend schien. Wieder ein Beispiel von vielen. Zu einer gewissen Zeit hatten sowohl Viṣṇu wie Śiva große Verbreitung erlangt. Dann aber kam ein Bildwerk auf, das die beiden Gestalten zu einer Person vereint. Es zeigt eine zweiköpfige Gottheit, Harihara, d.h. Hari und Hara. Der erste ist Viṣṇu, der zweite Śiva: Die Gestalt ist achsensymmetrisch von oben nach unten geteilt und bildet je zur Hälfte beide Götter ab. Die Ikone will also sagen, daß nicht einer der beiden an der Spitze des Universums steht, sondern beide gemeinsam. Der entstehende Gegensatz wurde überbrückt, indem man beide zu einer Gestalt zusammenfügte. In einem ähnlichen Bildwerk sind Gott und Göttin zu einer Gestalt verschmolzen, sie links, er rechts, zum *Herrn, der zur Hälfte Frau ist,* Ardhanārīśvara.

Manifestation des Gottes ist die Welt in ihrem Entstehen und Vergehen, und aus diesem Bild können wir die Stellung des Menschen förmlich ablesen. Seinem innersten Wesen nach ist er Teil dieses Ewigen und Absoluten, ist er Teil der Gottheit. Von Natur aus weiß und realisiert er das nicht, und so ist es Ziel seiner irdischen Existenz, seine wahre, eigentliche, göttliche Natur zu begreifen. Er soll abtun von sich, was ihn von der Gottheit trennt, soll abtun das irrige Bewußtsein von Individualität. Gelingt ihm das, so vereinigt er sich mit der Gottheit oder dem Absoluten. Das sagt das Bild vom Tropfen Wasser.

(4) Die Göttervielfalt

In gleicher Weise, als Entfaltungen oder Erscheinungen, sind nun auch die unendlich vielen Göttergestalten zu verstehen. Da gibt es die großen wichtigen, Viṣṇu, Śiva, Brahmā oder die Große Mutter, die Devī; es gibt aber auch die ungezählten kleinen von bloß lokaler Bedeutung, die man als Manifestation eines Großgottes verstehen konnte.

Da sind wir also bei dem Einen Gott, der viele Namen tragen kann, und wo doch keiner ausreicht, seine Natur zu erfassen. Wie dann die Vielfalt?

Die ist natürlich erstens historisch begründet. Indien ist ja ein Subkontinent, nicht ein Land, und natürlich hat es viele Kulturen auf den verschiedensten Entwicklungsstufen gegeben, die im Lauf der Jahrhunderte allmählich unter den Einfluß des Hinduismus gerieten. Die Ausbreitung des Hinduismus aber hat sich in sehr anderen Formen vollzogen als in der Missionierung mit Feuer und Schwert, mit Zwang und Gewalt, wie Muslime oder Christen sie praktizierten. Es sind vielmehr, getreu den dargelegten Prinzipien, die fremden Gottheiten, auf die die Hindus trafen, als Erscheinungsformen der eigenen, vertrauten verstanden worden, als neue Manifestationen, die der Gott hier oder da angenommen hatte. Mit anderen Worten, man hat die Gottheiten der anderen in das eigene Pantheon eingebaut.

Systematische »Leerstellen« in der Mythologie haben diese Entwicklung begünstigt. Der furchtbare Śiva z.B. ist schon in vedischen Zeiten von den sog. »Scharen« umgeben, wilden, unförmigen Gestalten, unbestimmt nach Art und Zahl, tosende Winde und andere Naturgewalten unter ihnen. Es ist gewiß keine Überzeichnung, wenn man meint, es sei in der Gedankenwelt der Hindus förmlich angelegt, Stammesgottheiten unter diese »Scharen« zu versetzen. Auch für die Hochtradition war das eine akzeptable Lösung. Wenn man mit offenen Augen durch die nepalischen Städte geht, kann man diese Art der Hinduisierung an vielen Heiligtümern förmlich ablesen. Der spätere Hinduismus nämlich hat für die Gestaltung der Götter genaue ikonographische Regeln entwikkelt, schon als Anleitung für die Handwerker, die sie herstellen. Jedes Detail liegt da fest, die Position des Körpers, die Attribute in den Händen, die Zahl der Arme usw. Trotz dieses ganzen Regelwerks, das in umfangreichen Lehrbüchern kodifiziert ist, sieht man im Tal von Kathmandu überall Heiligtümer, die einer ersichtlich früheren Schicht entstammen: ganz gängig z.B. unbehauene Steine, die an markanten Orten liegen, manche schlicht, andere geradezu bizarr in ihrer Form. Kein hinduistisches Lehrbuch beschreibt Götter von solcher Gestalt. Dennoch tragen fast alle – heute – geheiligte Namen der Hochtradition. Die meisten gehören in den Umkreis von Śiva. Niemand zweifelt an ihrer Göttlichkeit: sie werden ebenso, wenn auch nicht selten in anderen Formen verehrt wie die orthodoxen.

Hie und da sieht man nun an diesen Götterbildern das sichtbare Zeichen der Hinduisierung. Vor dem Stein steht etwa eine Platte aus getriebenem Metall oder eine in Stein gehauene Figur, die den Gott in seiner »richtigen«, ikonographisch korrekten Form zeigt. Oder auch: an Festtagen wird ein »orthodoxes« Figürchen herbeigebracht, oft aus Metall gegossen, und steht dann auf oder vor dem Stein und nimmt die Verehrung entgegen. In solchen Fällen hat irgendwer – und das war in der Regel nicht der Staat oder eine staatlich bestellte Priesterschaft – das Heiligtum so herrichten lassen, daß es die akzeptierte Gestalt aufweist. Aber auch derjenige, der den unbehauenen Stein verehrt, wird sich als Hindu betrachten, auch die unorthodoxe Form wurde unter die Götter aufgenommen: ein Begriff wie unser »heidnisch« taucht in solchen Zusammenhängen nicht auf.

Diesen gleichen Gedankengang hat man auf die Gottheiten anderer Hochreligionen anwenden können: auch im Jesus der Christen, im Allah der Muslime verkörpert sich das Höchste, Ewige, und so ist es für Hindus kein unüberwindliches Problem, sie an das eigene Pantheon heranzurücken.

So also in Umrissen die historische Erklärung der Göttervielfalt, und sie mag uns schon heranführen an die traditionelle Zahl, jene 33 mal Zehn Millionen. Für sie haben die Hindus jedoch eine zweite und andere Erklärung gefunden, gewissermaßen aus dem System heraus: man hat sie ins Psychologische gewendet und damit in anderer und tieferer Weise begründet.

Am Anfang steht wieder die Beobachtung von der Verschiedenheit der Menschen. Indem sich die Menschen voneinander unterscheiden, wird jeder ein anderes Verständnis von der Gottheit haben: d.h. die Gottheit wird dem einen in dieser, dem anderen in jener Form erscheinen, jeweils so, wie es seiner psychischen und geistigen Konstitution entspricht. Welche Torheit wäre es, diese Unterschiedlichkeit der Natur der Gottheit zuzuschreiben! Keiner kann ja doch die Gottheit ganz verstehen: wir alle machen uns ein unvollkommenes Bild von ihr, so wie es unser Fassungsvermögen erlaubt. Und so hat jeder sein Bild von der Gottheit. Aber, noch einmal, *Was eines ist: vielfach benennen es die Weisen*. Oder, um dasselbe vom Standpunkt der Gottheit her zu sagen: in ihrer Gnade offenbart sie sich jedem in der Gestalt, die ihm angemessen und verständlich ist: sie antwortet gewissermaßen auf die Verschiedenheit der Wesen, und deshalb nimmt sie verschiedene Gestalten an. So wäre es vermessen, falsch und dumm, wenn einer seine Idee von Gott absolut setzen wollte, denn sie ist notwendig unvollkommen, weil jeder die Gottheit nur zum Teil erfaßt. Je weiter man sich aber um die Erkenntnis des Ewigen bemüht, desto tiefer wird man eindringen in dessen Natur, und desto eher werden sich die Formen einander annähern, unter denen man ihn begreift. Ein Beispiel solchen Zusammenwachsens ist der eben erwähnte Harihara, der Viṣṇu und Śiva in sich begreift.

Wo man seinen Gott erkennt und in welcher Gestalt, das schreibt dem Menschen keiner vor: im Hinduismus gibt es keine allgemeinverbindliche Instanz, die über die Reinheit der Lehre wacht; nirgends ist eine Methode vorgeschrieben, der einer folgen müßte.

III

Wohl aber gibt es Ratschlag und Empfehlung: aufgezeichnet sind die Wege, auf denen man am leichtesten dem Ziel nahekommt. Diesen Wegen wollen wir uns jetzt zuwenden: mehr als das Ritual ist das die praktizierte Religion. Wir sollten dabei im Gedächtnis halten, daß all das nur Empfehlungen oder Modelle sind. Es ist jedem unbenommen, sein Heil auf andere Weise zu suchen.

(5) Lebensstadien

Thesenhaft haben wir sie überblickt, die beiden Pole Festlegung und Freiheit: die Anforderungen der Gesellschaft, die auf Einhaltung ihrer rigiden Ordnung besteht, und die Freiheit des Individuums in allem, was keine sozialen Auswirkungen hat, d.h. im Denken und Handeln, das ihn allein betrifft und sein Sehnen, dieser Welt zu entrinnen. Wie lassen sich diese beiden Ziele vereinigen?

Der Widerspruch ist in der im Detail ausgeführten »Lehre von den Lebensstadien« gelöst. Sie teilt das menschliche Leben in zwei Phasen. Am Anfang stehen die sozialen Pflichten: Lernen und die *vita activa*, die »Haushalterschaft«, will sagen Gelderwerb, Heirat, Kinder (um die Schuld gegen die Väter abzutragen). Wenn man aber *dem Sohn seines Sohnes ins Antlitz sieht*, d.h. wenn der Erhalt der Familie gesichert ist, dann ist die Zeit gekommen, wo man an sich selbst denken kann und soll. Denn die menschliche Existenz ist unendlich kostbar: nur als Mensch kann sich ein Wesen auf die Vereinigung mit der Gottheit vorbereiten. Ein Dichter aus der frühen Neuzeit sagt:

Menschlichen Körper hast du empfangen, die Günstige Gelegenheit ist da; sag, wirst du einen solchen Leib denn so oft erlangen? Du Tor gehst in die Irre, sei doch jetzt klug! Um das unendlich kostbare Juwel – warum willst du dich darum betrügen lassen? [...] Sundar sagt dir: »Gib jetzt acht; verehre Hari und werde eins mit ihm!«[3]

Großvater geworden, soll er demgemäß den geordneten Kosmos Dorf verlassen und in den Wald oder Dschungel gehen, dorthin, wo nach einem Topos der indischen Literatur die Heiligen Männer ein

[3] Nach M. Thiel-Horstmann: Nächtliches Wachen. a.a.O., S.65. *Hari* ist ein Name Viṣṇus.

reineres Leben leben. Das ist alles andere als blasse Theorie: auch der verehrungswürdige Gandhi hat eine solche Gemeinschaft (einen *āśram*, wie es heißt) geführt. Auch hier löst Freiheit die Festlegung ab: das Leben als Haushalter zeichnet mir meinen Umgang weitgehend vor; der *āśram* aber ist selbstgewählte Zusammenkunft Gleichgesinnter.

Und endlich fallen die letzten Bande. Auf die Zeit im Dschungel soll ein letztes Stadium folgen, wo der Mensch allein, ganz auf sich gestellt, aller sozialen Bande ledig, heimatlos durch Indien wandert: er wird pilgern zu den heiligen Stätten oder auf andere Weise den Kontakt zur Gottheit suchen. Besitz braucht er nicht, denn die Gesellschaft wird ihn ernähren: einem Asketen geben gilt als verdienstlich und hilft dem Spender zu einer besseren Wiedergeburt. – Und wenn der Wandernde sein Ende nahen fühlt, mag er nach Banaras gehen, der heiligsten Stadt des Hinduismus: wer da, am Ufer des heiligen Flusses Gangā stirbt, geht direkt in die Gottheit ein.

So das Idealbild. Viele sind ihm gefolgt: noch der als Imperialist verschrieene englische Schriftsteller Kipling, der Indien kannte und liebte, hat das Motiv in einer Kurzgeschichte verwendet.[4] In der Lehre von den Stadien hat der Hinduismus die beiden widerstreitenden Lebensziele, die Rechte der Welt und die Rechte des Individuums, verbunden.

(6) Die Wege

Dies also der äußere Rahmen, um die verschiedenen Lebensziele und -aufgaben in eine einzige Existenz einzupassen. Man hat nun drei Methoden oder Wege gefunden, wie man auf dieses Ziel hinarbeiten kann.

Denn so wie die Menschen verschieden sind, unterscheidet sich auch ihr Zugang zum Ewigen und Absoluten. Der Hinduismus hat einen ausgeprägten Hang zur Didaktik und trägt der Vielfalt der Menschentypen Rechnung.

Der erste, angesehenste Weg geht über das heilige Wissen und den Intellekt, d.h. die beobachtende und denkende Zergliederung der Welt. Das ist der Versuch, den Kosmos in seiner Vielfalt mit ratio-

---

[4] The Miracle of Purun Bhagat, in: The Second Jungle Book

nalen Mitteln auf ein einziges, gemeinsames Grundprinzip zurückzuführen. Eine Probe haben wir vorhin bei der Besprechung der Elementenlehre kennengelernt.
Bei dieser Analyse leitet die jahrtausendealte indische Tradition das Denken. Das ist das Wissen der Priester. Die Brahmanen haben es ängstlich für sich behalten, und jede Modernisierung dieses alten, durch die Schriften geheiligten Weltbildes fällt unendlich schwer. So ist dieser Weg des Wissens, soweit er von anderem als von der Seele handelt, vor den modernen Naturwissenschaften zuschanden geworden. Hier liegt ein großes Problem für den gegenwärtigen Hinduismus: seine berufenen Vertreter propagieren ein Weltmodell, das einfach nicht Bestand hat vor dem, was jede höhere Schule lehrt. Alle Versuche zu einer »Entmythologisierung« müssen auf wesentliche Sätze verzichten und sind darum umstritten.

Der zweite Weg ist der des vorgezeichneten Handelns, also vor allem des Rituals. Nach seiner Natur und Entstehung ist es sozusagen erstarrtes Wissen. Es wird z.B. auf dem komplizierten Opferplatz symbolisch der Kosmos aufgebaut: der Priester schichtet der Reihe nach die Elemente, aus denen das Universum besteht, 108 Schälchen mit Reis: der steht für die Erde; darauf 108 Wasserschälchen; dann 108 kleine Öllampen (das Feuer), usw. So wird im Ritual eine eigene Welt neu erschaffen. Und die unterscheidet sich in einem wesentlichen Punkt von der unseren: sie ersteht neu in ihrer uranfänglichen Reinheit, ist frei von allen Befleckungen: eine Neue Erde wird dem Chaos und der Unreinheit der Alltagswelt entgegengesetzt. In diese reine Stätte ruft man die Götter, hier opfert man ihnen, hier kann man sie auch bitten. Sie sehen schon: in diesem Opferplatz entsteht etwas, das rein ist und absolut und richtig, und so kann dieser Opferplatz auch für das Absolute und letzte Wahre stehen.
Sehr wichtig eins bei diesem Opfer, das man wieder geradezu aus den Prämissen ableiten könnte: es ist an gar keiner Stelle auf die Beteiligung des Opfernden angewiesen. Mit anderen Worten, da fehlt etwas, das nach unserer Auffassung unabdingbar zu jedem Gottesdienst gehört: die gläubige Andacht oder Hingabe des Teilnehmers. Der Mensch, der das Opfer darbringen läßt, hat an seinem Ablauf gar keinen Teil: ihm wirkt das Zeremoniell wie ein sehr komplizierter Satz von Riten, den die Priester mechanisch (und in unverständlicher Sprache) abspulen. Dem Gläubigen muß

genügen, daß sich hier etwas objektiv Richtiges vollzieht (und daß er Anlaß war, diese objektiv richtige Welt zu schaffen). Das haben ihn seine Priester gelehrt. Aber warum es richtig ist oder sein soll, weiß und erfährt er nicht. Da sind wir wieder bei der Handlung, die um ihrer selbst willen geschieht, wie vorhin, aber in einem ganz anderen Zusammenhang.

Der dritte Weg ist die liebende Verehrung der Götter, ähnlich unserer Frömmigkeit: man findet sich vor Bild oder Symbol der Gottheit ein oder geht zum Tempel, singt Lieder, die den Gott preisen, bringt Opfergaben dar: Wohlgerüche, Blumen, Eßbares (meist Süßigkeiten); man schwenkt Lichter vor dem Götterbild. Die Inder benennen diese Frömmigkeit mit einem Ausdruck, der in seinem ursprünglichen Wortsinn noch einmal auf ihre Axiome verweist: sie heißt *bhakti*, d.h. wörtlich *Teilsein, Teilhabe*. Denn der Mensch ist - wie wir gesehen haben - in Wahrheit und im Letzten Teil der Gottheit. Und so weist das Wort auch auf das mystische Element in dieser Frömmigkeit: im Gottesdienst zelebriert der Mensch seine wesenhafte Identität mit seinem Gott. An dieser persönlichsten Form der Verehrung haben nun auch - sehr wichtig - die Niedrigkastigen teil, die vom sakralen Wissen der Brahmanen ausgeschlossen blieben. Die letzten großen erneuernden Impulse empfing der Hinduismus aus diesen Kreisen: kleine Leute, Weber, Schuster, haben seit dem 16. Jahrhundert die Lieder geschrieben, die heute noch gesungen werden.

Es sind Äußerungen dieser Frömmigkeit, die das nach außen sichtbare Bild des Hinduismus prägen. Die Tempel und Heiligtümer und Götterfigürchen mögen als Meditationsstützen konzipiert sein: aber auch so sind es Abbilder des Ewigen, und man kann sich ihnen nähern ohne Gelehrsamkeit, ohne das Wissen, in schlichter Hingabe an den lebendigen Gott.

Ein Meer des Leids ist der Weltenkreislauf (Saṃsāra), ein Meer des Glücks ist [der Gott] Rāma; verlier dich im Meer des Glücks [...], laß eitles Tun![5]

Govinda[6]*, mein Geliebter, irgendwann mußt du doch kommen! Wie kann ich deine Lotusfüße schauen? Ich will sie nah vor meinen Augen haben.*

---

[5] Nach M. Thiel-Horstmann, a.a.O, S.63f

[6] wieder der Name eines Gottes

Dich zu sehen hab ich heftiges Verlangen. Wann werde ich dein Antlitz schauen?
Leidend vor Sehnsucht, du möchtest dich mit meiner Seele einen, bin ich; komm rasch, mein Freund![7]

In diesem Sinne schließt sich der Kreis: wir haben begonnen mit dem Gott, der von seinem Berg herabkommt unter die Menschen; wir enden mit den Menschen, wie sie sich erheben zum Gott. Und nun könnte man fortfahren und über Orte und Arten dieser Begegnung sprechen, über Tempel und Bild und Formen des Gottesdienstes, und überall fände man die gleichen Grundgedanken verdeutlicht.

IV

Lassen Sie uns zum Ende einen Blick auf das werfen, was bleibt - oder bescheidener: was uns heute etwas bedeuten könnte - bei aller Fragwürdigkeit, der ein solcher Versuch immer ausgesetzt ist.

Unter den Hochkulturen der Welt ist die indische wohl die, zu der wir Europäer am wenigsten leicht Zugang finden. Aus fernster Vergangenheit stammen Axiome, die auch noch das Heute prägen. Uns am fremdesten vielleicht all das, was uns als Abkehr von der Welt erscheint: Leben und Denken kreisen um die Welt im Ich, während es die Außenwelt als unverrückbar nimmt.

Wir haben einen Blick geworfen auf die Ideale und Leitvorstellungen einer traditionsverhafteten Gesellschaft, die nach sehr anderen Prinzipien geordnet ist als die unsere. Wir haben sie gesehen in ihrer Härte: dem Individuum wies sie seinen festen Platz an, bot ihm weit weniger Freiraum zur individuellen Lebensgestaltung, als wir für angemessen und erträglich halten - und womit sie diesen Mangel kompensierte, das würden wir nicht sehr hoch veranschlagen: sie nahm die Last der Vereinzelung von ihm und bot ihm den sicheren, ungefragten Platz in der Gesellschaft, die Identität in einer Gruppe. Hier hat sich der Westen anders entschieden, und auch das moderne Indien geht den Weg, den wir gegangen sind.

Aber an wichtigen Punkten haben die Hindus verhängnisvolle Irrtümer vermieden.

---

[7] a.a.O., S.43

Da ist die Art des Umgangs mit der Natur. Wenn man einen Baum fällt zum Bau, dann bittet man ihn um Vergebung. Eine nepalische Chronik berichtet ausführlich, wie man mit dem Stamm umgeht, der zum Mittelpfahl eines bestimmten buddhistischen Heiligtums ausersehen ist: Sobald sich erkennen läßt, wohin der Baum fallen wird, breiten die Holzfäller auf die Erde Bambusmatte, Ehrenschal, Leichentuch: sie ehren den gefällten Baum wie einen Toten. Von dieser Haltung haben wir uns sehr weit entfernt und lernen erst in diesen Jahren wieder, das Geschaffene in seiner Eigenart zu sehen und zu achten.

Oder das Schema für den Ablauf menschlichen Lebens. Einziges Leitbild ist bei uns der aktive, nach außen wirkende Mensch in der Fülle seiner Jahre, in der Blüte seiner Kraft. Das Modell der Hindus ist ein anderes. Gewiß: da ist die Welt und fordert ihr Recht: der Mensch verweigert sich nicht, und Kindheit und Jugend bereiten ihn darauf vor, seinen Platz in der Gesellschaft einzunehmen. Ist aber diese Aufgabe gemeistert - *wenn einer dem Sohn seines Sohnes ins Antlitz sieht* -, dann ist die Zeit gekommen, wo sich der Mensch aus dem tätigen Leben zurückzieht und sich selbst lebt, in welcher Form auch immer, sei es der Gottheit oder der Meditation. Überall findet er Götterbilder, Tempel, heilige Stätten, Bade- und Pilgerorte, an denen sich die Gottheit besonders eindringlich manifestiert hat; auch heute noch überall die heiligen Männer, die ihm die Ziele weisen, die er in der *vita activa* nicht hat verfolgen können. So zeichnet der Hinduismus einen Weg vor auch für den, dessen Leben sich neigt, und läßt ihn nicht allein im Angesicht von Alter und Tod. Auch der alte Hindu gehört zur Gesellschaft: Institutionen wie unsere Altersheime füllen Inder mit ungläubigem Entsetzen, gelten als Gipfel der Inhumanität.

Auf dem Hintergrund der furchtbaren religiösen Auseinandersetzungen in unserer Welt, die selbst in diesem Jahrhundert noch nicht zur Ruhe gekommen sind, ist auch der Gottesbegriff der Hindus ernstester Beachtung wert. So groß und widersprüchlich die Vielfalt der göttlichen Gestalten und philosophischen Richtungen: ein Höchstes, Absolutes existiert, ob man es nun Gott nennt oder anders. Das aber offenbart sich unterschiedlichen Wesen in unterschiedlicher Form, als Person oder als Denksystem. In den Augen der Hindus beginge ich einen verhängnisvollen Fehler, würde ich mein Bild von der Gottheit absolut setzen: in der gesamten Schöpfung hat sich das Absolute offenbart; und was jemand von ihr begreift, ist nur Teil, begrenzt durch die Fassungskraft des Erkennenden. Nicht ganz unähnlich der Hl. Augustin: *Der Gott, den du erkennst, ist nicht Gott*: verbindend die Relativierung des eigenen Erkenntnnisvermögens gegenüber dem Höchsten.

Es bleibt letztlich die Duldung des Andersdenkenden. (Mit unserem Begriff der Toleranz hat sie nur die praktischen Auswirkungen gemein, nicht die philosophisch-ethische Begründung: aber wo ein Miteinander Schwierigkeiten macht, ist schon ein Nebeneinander viel.) Sie zeigt sich im Umgang mit der Religion: das Denken der Hindus hat immer wieder vermocht, das Göttliche auch in den Göttern der anderen zu erkennen. Und die gleiche Duldung zeigt sich auch im täglichen Leben. Die richtigen Lebensformen sind durch Recht und Sitte und Brauch, durch Tradition von Kaste und Familie für jeden einzelnen vorgeschrieben bis ins letzte Detail. Gleichwohl müssen sie nicht notwendig auch für den anderen gelten: der mag ruhig seine Ziele verfolgen: niemand wird etwas dagegen einwenden, so lange er mich die meinen ungestört verfolgen läßt - und solange er seine sozialen Pflichten erfüllt.

Selbst diese letzte Bedingung ist nicht zwingend. Wenn einer glaubt, sich lösen zu müssen aus seinem sozialen Umfeld - selbst wenn er nur dem eigenen Heil lebt und der Welt und dem Erwerb entsagt, gibt ihm die Gesellschaft durch Spenden seinen Unterhalt und läßt ihn gewähren. Wieder: wir lernen ja erst in diesen Jahrzehnten, und ein wenig mühsam, mit Verweigerern und *dropouts* umzugehen; die Hindus haben es immer gekonnt.

Wir haben am Anfang uns die Festlegung vor Augen geführt, die der Hinduismus mit sich bringt. All die Regeln aber über richtige Lebensführung und Reinheit binden vor allem den einzelnen und seine Gruppe; die Andersartigkeit des Nächsten, der außerhalb meiner Gruppe steht, ist so lange kein Problem, wie sie meine Identität nicht anficht. So wirkt die Festlegung nach innen weit mehr als nach außen. Mein Regelkanon mag mir den Umgang mit dem Nächsten verbieten: die Entscheidung aber, dem eigenen Regelkanon zu folgen, wird ihm keiner streitig machen.

Da findet man in gewissem Sinn die beiden Pole wieder, unter denen der heutige Abend stand. Mir scheint es, wenn Sie mir erlauben, mit einer natürlich nicht verifizierbaren Wertung zu schließen, sehr bemerkenswert, daß eine Religion, die das Richtige überall so genau und unverrückbar definiert, gleichzeitig dem anderen das Recht zu seinem eigenen Wege läßt. Auch deshalb ist es trotz aller Fremdheit vielleicht nicht vergebens, sich mit den Lösungen der Ewigen Fragen zu beschäftigen, die Indien gefunden hat.

Literaturhinweise

Die Literatur über den Hinduismus ist natürlich uferlos, und jede Auswahl willkürlich. Einen umfassenden Überblick gibt A.L. Basham: The Wonder that was India. London [1]1954, [3]1967, zahlreiche Sonderausgaben und Nachdrucke. - Rasche Orientierung in Fachfragen vermittelt die ausgezeichnete, ungemein komprimierte *Einführung in die Indologie*, hrsg.v. H. Bechert und G. von Simson. Darmstadt 1979. -

Wegen ihres Reichtums an Fakten und Beobachtungen ist die Reise-, Missionars- und Obristenliteratur unentbehrlich, gleichzeitig aber - besonders wenn aus dem vergangenen Jahrhundert stammend - in der Borniertheit ihrer Verfasser nicht selten schwer erträglich. Herausragend und auch heute noch ernsthaft lesenswert: unter den Reisenden der Muslim Al-Bîrûnî (11.Jh.!) mit seinem unbestechlichen, klaren Blick und dem ernsthaften Bemühen um Verstehen und Verständlichkeit (1); bei den Missionaren der Abbé J.A. Dubois (2); unter den Militärs Sir William Sleeman (3). - Vârâṇasî, die heiligste Stadt Indiens und gewissermaßen einer der Brennpunkte des Hinduismus, behandelt mit ausführlicher Darstellung des religiösen und gedanklichen Umfelds D.L. Eck: Banaras, City of Light. London 1983. - Einen gedanklichen Eindruck von der Vielfältigkeit indischer Religiosität vermittelt z.B. S. Das Gupta: Obscure Religious Cults. Calcutta [1]1946, [3]1969. - Die deutsche Indologie hat ihre Hauptaufgabe vor allem in der detaillierten Aufarbeitung einzelner Fachprobleme gesehen und relativ wenig an allgemeiner orientierender Literatur hervorgebracht; bemerkenswert u.a. H. Zimmers zahlreiche Schriften.

(1) Alberuni's India [hrsg. und ins Engl. übersetzt von] E.C. Sachau. London 1888 [u.ö.]

(2) J.A. Dubois: Moeurs, institutions et cérémonies des peuples de l'Inde. ^{1}1815 (unvollkommen); die englische Übersetzung der Originalfassung: Hindu Manners, Customs, and Ceremonies transl. [...] by H.K. Beauchamp. Oxford ^{3}1906, laufend nachgedruckt.

(3) W.H. Sleeman: Rambles and Recollections of an Indian Official. London ^{1}1844, ^{3}1915; Nachdruck Karachi 1973.

Buddhismus

Heinz Bechert

Im Rahmen der Vortragsreihe »Weltreligionen« ist Ihnen der Hinduismus bereits vorgestellt worden. Wenn ich nun den Versuch machen soll, in einem einzigen Vortrag den Buddhismus darzustellen, so ist dies, strenggenommen, ein unmögliches Unternehmen. Abgesehen vom Hinduismus hat nämlich keine andere Weltreligion eine so große Vielfalt von Erscheinungsformen hervorgebracht. Diese reicht vom ursprünglichen Buddhismus bis zu den japanischen Formen des Buddhismus, in denen die Erlösung allein durch den Glauben erreicht wird; diese sind auf den ersten Blick eher dem radikalen protestantischen Christentum vergleichbar als dem ursprünglichen Buddhismus mit seiner Lehre von der totalen Eigenverantwortlichkeit des einzelnen. Es ist natürlich ganz unmöglich, diese Vielfalt von Lehren in einem einstündigen Vortrag vorzustellen. Deshalb habe ich meine heutigen Ausführungen darauf beschränkt, zunächst das kurz zusammenzufassen, was man über die Lehre des historischen Buddha heute weiß. Danach werde ich aus der Vielzahl der sich daraus entwickelnden Religionsformen eine herausgreifen; über zwei Traditionen zu sprechen, wie ich ursprünglich angekündigt hatte, erlaubt die zur Verfügung stehende Zeit wohl kaum.

Wenn man den ursprünglichen Buddhismus verstehen will, sollte man auch die sonstigen damals in Indien verbreiteten religiösen und philosophischen Lehren in Betracht ziehen, - ähnlich wie die Lehren des Christentums und des Islam als historische Phänomene nicht ohne die Grundlage des Judentums verständlich sind. Der Religionsstifter Siddhārtha Gautama lebte, wie man heute weiß, nicht von ca. 560 bis 480 v.Chr. (wie es noch in den meisten Büchern steht), sondern von ca. 450 bis ca. 370 v.Chr. Dies war vor dem Indienfeldzug Alexanders des Großen, aber in einer Zeit, in der sich bereits eine städtische, von rationalem Denken geprägte indische Kultur herausbildete. Die Träger dieser Kultur, Adlige und Kaufleute, emanzipierten sich gegenüber den von der traditionellen Priesterschaft vertretenen Glaubensformen, also vom Opferkult der vedischen Religion, den Sie im Hinduismus-Vortrag kennengelernt haben. In der neuen Bildungsschicht setzten sich rationalere Denkweisen durch, darunter besonders die Lehre vom *Karma*. Dies ist die Lehre von der Wirkung guter und böser Taten auf die Art, wie unsere Wiedergeburt stattfindet. Die Vorstellung endloser Wiederverkörperungen in dieser unserer Welt zwang nun zu der Frage, ob man sich aus diesem Kreislauf befreien könne, wie diese Befreiung zu erreichen sei und wie sie aussähe. Wie Sie schon gehört haben, sind diese Fragestellungen im Laufe der Zeit auch von den Hindus übernommen worden. Sie wurden aber ganz offenbar nicht ursprünglich von den Trägern der brahmanischen Tradition entwickelt, sondern im **Gegensatz** zu ihnen, und wurden erst später in den Hinduismus integriert.

Versuchen wir nun, erst einmal anhand der Quellen den Lebenslauf des Religionsstifters, also des historischen Buddha, zu rekonstruieren: Der junge Siddhārtha war in der Adelsrepublik der Śākyas geboren und wurde deshalb später auch der *Śākyamuni*, der »Weise aus der Śākya-Familie«, genannt. Sein Vater Śuddhodana war Oberhaupt einer der regierenden Familien in dieser kleinen Adelsrepublik der Śākyas im heutigen indisch-nepalischen Grenzgebiet. Diese Familien gehörten zur Kaste der Kṣatriyas, also des alten indischen Adels. Prinz Siddhārtha ehelichte Yaśodharā und hatte einen Sohn, der den Namen Rāhula erhielt. Trotz äußerlich glücklicher Lebensumstände entschloß er sich, im Alter von 29 Jahren Heimat und Familie zu verlassen, um als Asket nach der endgültigen Erlösung vom Leiden zu suchen. Er teilte seinen Entschluß dazu seinen Angehörigen mit – die Geschichte vom heimlichen Aufbruch gehört ins Reich der Legende –, und er schloß sich danach verschiedenen Lehrern an, die behaupteten, den Weg zur Erlösung zu kennen. Damals gab es nämlich im nördlichen Indien eine Vielzahl ganz unterschiedlicher Heilslehren.

Nachdem ihn die Befolgung dieser Lehren aber seinem Ziel nicht nähergebracht hatte, unterzog sich Siddhārtha strengster Askese mit extremem Fasten und gefährlichen Atemübungen, was ihn bis an den Rand des Todes führte. Auch diese extremen Übungen waren jedoch vergebens. So gab er sie nach sechs Jahren wieder auf und wurde nun von allen seinen Schülern und Bewunderern verlassen. Am Ufer des Flusses Nairañjanā erholte er sich. Und erst jetzt gelang ihm, unter einem Baum sitzend, in tiefer Versenkung die Schauung der Wahrheit, des Weges zur endgültigen Erlösung.

Damit war Siddhārtha zum *Buddha* geworden. Er hatte die Erlösung, das *Nirvāṇa*, erreicht. Er wußte, daß er nicht wiedergeboren würde. Dies geschah an der Stelle des heutigen Ortes Bodh Gaya im indischen Bundesland Bihar unter dem *Bodhi*-Baum, dem »Baum der Erleuchtung«.

Nach längerer Überlegung entschloß sich der Buddha, den Menschen diese von ihm erkannte Wahrheit darzulegen; sie ist schwer verständlich, kaum in Worte zu fassen. Er wanderte nach Varanasi (Benares). Der erste, dem er dort seine Lehre darlegen wollte - so wird überliefert -, wandte sich verständnislos ab. Im Gazellenhain von Sarnath vor den Toren der Stadt traf er fünf Wanderasketen, die ihn aus der Zeit seiner extremen Askese kannten. Ihnen legte er nun seine Lehre nach dem Grundschema der »Vier Heiligen Wahrheiten« in der sog. Predigt von Benares dar; sie wurden seine ersten Schüler, und damit war der *Sangha*, die Gemeinschaft der buddhistischen Asketen, begründet. Etwa 45 Jahre lang wanderte der Buddha lehrend durch das Gebiet des heutigen Uttar Pradesch und Bihar. Im Alter von 80 Jahren starb er in Kuśinagara an einer Lebensmittelvergiftung; er ging nun ins *Parinirvāṇa* ein, d.h. er erreichte den Zustand des völligen Erlöschens, aus dem es keine Wiedergeburt mehr gibt. Mittlerweile war der Buddha so berühmt geworden und hatte so viele Anhänger und Bewunderer gerade unter den Adligen gefunden, daß um die Reste seiner Asche fast ein Krieg zwischen verschiedenen Fürsten der Gegend ausgebrochen wäre. Der Streit wurde durch die Verteilung seiner Aschen- und Knochenreste beigelegt. Damit begann der buddhistische Reliquienkult.

Der Buddha hat sich selbst nicht als einmalige historische Erscheinung betrachtet wie etwa Jesus Christus. Der Buddha ist niemandes Gesandter oder Beauftragter; er hat auch keine Offenbarung erhalten. Er ist vielmehr Wegweiser zu Einsichten, die er allein aus eigener Kraft erlangt hat. In der Vorstellung von einem die Welt erschaffenden und regierenden Gott, die im damaligen Indien durchaus bekannt war, sieht der Buddha nur eine Selbsttäuschung der Menschen. Nach seiner Lehre gibt es auch keine ewig existierende Seele, und daher kann es auch weder ewige Seligkeit noch auch ewige Verdammnis geben.

Gleichwohl gibt es eine endgültige Erlösung vom Leiden. Nur die konsequente Verwirklichung des vom Buddha gewiesenen Weges vermag uns dahin zu führen. Dieser Weg ist absolut; er ist also nicht vom Buddha oder sonst irgend jemandem abhängig. Im Prinzip könnte man ihn auch erreichen, ohne je vom Buddha gehört zu haben: Die Buddhisten berichten auch von *Pratyekabuddhas*, für sich »privat Erleuchteten«.

Wenn nun die Gesetzmäßigkeit des Weltprozesses und ihr Ausdruck in der Lehre des Buddha zeitlos sind, so ist doch seine **irdische** Erscheinungsform wie alles andere Irdische vergänglich. Die vom Buddha verkündete Lehre wird wieder vergessen werden, der von ihm begründete Orden wird aufhören zu bestehen. Aber es gab andere Buddhas der Vergangenheit und wird andere Buddhas in der Zukunft geben, die die Wahrheit erkennen. Man könnte so weit gehen zu sagen: Es ist für die Frage nach der Wahrheit der buddhistischen Lehre gar nicht wichtig, ob der Buddha als historische Persönlichkeit je existiert hat, während dagegen z.B. das Christentum ohne die historische Person Jesu ganz seinen Sinn verlöre.

Die Grundlagen der buddhistischen Erlösungslehre sind in den »Vier Heiligen Wahrheiten« formuliert, die der Buddha in seiner ersten Lehrrede, der sog. »Predigt von Benares«, dargelegt hat. Die erste dieser vier Wahrheiten lautet: *Alles ist Leiden*, oder, anders ausgedrückt: Alle Formen des Daseins sind ihrem Wesen nach letztlich leidvoll. Dies bedeutet natürlich nicht, daß das Dasein in jedem Augenblick manifest leidvoll wäre; wäre dies so, hätte es sich selbst längst aufgehoben. Gefühle usw. werden in den buddhistischen Lehrtexten ausdrücklich als angenehm, unangenehm oder neutral klassifiziert. Und doch, letztendlich sind sie alle leidvoll, weil alle Gegebenheiten der Erscheinungswelt vergänglich sind. Sie sind dem Gesetz des steten Wandels, dem unentrinnbaren Kreislauf von Entstehen und Vergehen unterworfen. So wie der aus Wasserblasen gebildete Schaum, den man auf einem schnell fließenden Gewässer sieht, sich ständig bildet und wieder vergeht, ohne bleibende Substanz ist, so verhält es sich auch mit allen Teilen unserer Persönlichkeit. Nur aus Unwissen oder Verblendung suchen wir immer wieder etwas Dauerhaftes und Unvergängliches im Dasein, eine unvergängliche Seele, ein Selbst in uns. Der Buddha sagt uns, daß unser Dasein nichts weiter ist als ein »Prozeß«, ein Vorgang ständigen Entstehens und Vergehens von Daseinselementen in einem nur scheinbaren Kontinuum.

Die Gewißheit, daß wir in unserer Person eine ewige Substanz oder Seele nicht finden können, gewinnen wir aus der Analyse der Persönlichkeit, die aus fünf vergänglichen sog. »Daseinsgruppen« besteht: körperliche Form, Empfindung, Wahrnehmung, psychische »Gestaltungen« und Bewußtsein. Da alle diese Teile der Persönlichkeit dem Entstehen und Vergehen unterworfen sind, ist es sinnlos, nach einer unvergänglichen Seele in ihr zu suchen. Diese Erkenntnis ist das wesentlichste besondere Merkmal des Buddhismus. Es ist in der Lehrformel von den »drei Merkmalen« formuliert: Alles ist leidvoll. Alles ist vergänglich. Und: Alles ist »nicht das Selbst«.

Wenn dem so ist, müssen wir uns natürlich fragen: Wie ist dann Wiederverkörperung, wie ist Existenz überhaupt möglich? Die Antwort gibt uns die zweite der vier Heiligen Wahrheiten. *Dies, ihr Mönche*, sagt der Buddha, *ist die Wahrheit von der Entstehung des Leidens: es ist das Begehren, das von Wiederverkörperung zu Wiederverkörperung führt, das hier und dort seine Freude findet; das Begehren nach Lust, nach Dasein und nach Vernichtung.* Der Buddha gebrauchte die bildhafte Bezeichnung »Durst« für dieses Begehren; es ist die treibende Kraft, die den Daseinskreislauf in Gang hält. Dieser Kreislauf kann nicht einfach abgebrochen werden, etwa durch Selbstmord, der doch nur zu neuer Wiederverkörperung führen müßte. Das Begehren nach Untergang und Vernichtung ist nämlich genauso eine Form dieses »Durstes« wie jedes andere Begehren. Alle Formen des »Durstes« führen mithin zum Festhalten im *Saṃsāra*, im Daseinskreislauf. Die Art der Wiedergeburt wird von dem uns schon bekannten Karma-Gesetz bestimmt; man erlangt in guten Existenzformen Wiederverkörperung durch gute Taten, in schlechten aber durch böse Taten (*karma*). Die ältesten Texte kennen fünf Orte der Wiederverkörperung: Hölle, Tierwelt, Gespensterreich, Menschenwelt und Götterwelt. Die Götter sind aber nichts anderes als Wesen im Kreislauf der Existenzen, die durch gutes Karma zu einer besonders angenehmen Existenzform begrenzter Dauer aufgestiegen sind.

Das Weltgeschehen ist also nicht willkürlich; es ist nicht bloßem Zufall unterworfen, sondern unabänderlichen Gesetzmäßigkeiten. Die uns bekannten Naturgesetze sind nur ein kleiner Teil dieser Gesetzmäßigkeit; als ganzes ist sie unentwirrbar kompliziert, für den Menschen nur in Teilen begreifbar. Die den Dingen zugrunde liegende Ordnung ist *Dharma* (»Gesetzmäßigkeit«). Mit demselben Wort, das Sie im Hinduismus in anderem Sinne schon kennengelernt haben, wird auch die Lehre des Buddha bezeichnet; in ihr wird aus jener unendlichen Vielfalt der »Gesetzmäßigkeit« das dargelegt, was man wissen muß, um den Weg zur Erlösung beschreiten zu können.

Der Zusammenhang der einzelnen Faktoren im Kreislauf der Existenzen wird in der berühmten Formel vom »Entstehen in Abhängigkeit« (*pratītyasamutpāda*) beschrieben. Ich will diese oft ungenau als »Kausalnexus« bezeichnete zwölfgliedrige Formel als Beispiel für die Art der frühen buddhistischen Lehrdarlegung in Kurzform zitieren: In Abhängigkeit von (1.) der »Unwissenheit« entstehen (2.) die psychischen »Gestaltungen«; d.h. in dem Menschen, der das erlösende Wissen nicht besitzt, entstehen die Willensregungen, die sich auf Objekte des Daseins und dieses selbst richten. In Abhängigkeit von diesen »Gestaltungen« entsteht nach dem Tode (3.) ein »Bewußtsein« als Träger einer neuen Existenz; abhängig davon entwickeln sich (4.) »Name und Form«, d.h. psychische Faktoren und Körper, und weiter (5.) der »sechsfache Bereich«, d.h. die sechs Sinnesorgane, also die fünf Sinne und das Denken; daraus folgt (6.) die »Berührung« der Sinnesorgane mit ihren Objekten. Dadurch entstehen (7.) die »Empfindungen«, die wiederum (8.) die Gier, wörtlich den »Durst«, nach den Objekten und nach dem Dasein entstehen lassen. Damit führen sie nach dem Tod des Individuums zum (9.) »Ergreifen« eines neuen Mutterschoßes, zum (10.) »Werden«, (11.) zur neuen »Geburt« und damit wieder zu (12.) »Alter und Tod«.

Können wir diesem Kreislauf leidvollen Daseins überhaupt entrinnen? Der Buddha beantwortet diese Frage mit der dritten der vier Heiligen Wahrheiten: *Dies ist die Wahrheit von der Aufhebung des Leidens: es ist die restlose Abwendung vom Begehren, das Erlöschen, Verwerfen, Aufgeben des Begehrens.* Das restlose Aufgeben des Begehrens ist nur möglich für den, der alles, auch das Angenehme und das scheinbar Beständige in der Welt, als vergänglich, als dem Leiden unterworfen und als ohne Selbst erkennt, und der infolge dieser Erkenntnis allem mit Gleichmut begegnen kann. Das Ende des Begehrens ist die endgültige Befreiung, das Erlöschen, das *Nirvāṇa*.

Der Weg zu dieser Befreiung ist Gegenstand der vierten, vom Weg zur Aufhebung des Leidens handelnden Wahrheit. Dies ist der vom Buddha gelehrte sog. »edle achtgliedrige Pfad«. Er führt zur Aufhebung von Unwissenheit und damit zur Erlösung aus dem Daseinskreislauf. Das erste Glied dieses achtgliedrigen Pfades, die »rechte Ansicht«, besteht in der Erkenntnis der vier Heiligen Wahrheiten und in der Einsicht, daß die Persönlichkeit nicht ein ewig existierendes »Selbst« darstellt. Daraus folgen die übrigen Glieder des Pfades; sie beziehen sich auf das sittliche Verhalten des Erlösungssuchenden und auf die richtigen Methoden der Meditation und der Konzentration. Mit ihrer Hilfe wird die Illusion vom »Selbst« auch in tieferen Schichten der Psyche aufgehoben, die Daseinsgier überwunden und die Erlösung erreicht. Damit werden nämlich die drei »unheilsamen« Grundursachen oder »Wurzeln«, d.h. Gier, Haß und Verblendung, beseitigt.

Die buddhistische Ethik ist Teil der Erlösungslehre, nicht Selbstzweck oder Werkgerechtigkeit. Sie beruht auf den **Ratschlägen**, die der Buddha seinen Anhängern gegeben hat. Sie ist auch eine reine Gesinnungsethik; nicht auf die zur Ausführung gelangte **Tat** kommt es an, sondern auf die ihr zugrundeliegende und in ihr zum Ausdruck kommende **Geisteshaltung**.

Das Nichtverletzen von lebenden Wesen ist die erste und wichtigste Grundlage allen sittlichen Verhaltens. Ziel des sittlichen Verhaltens ist gleichzeitig aber auch die Beherrschung der Sinne; Grundlage ist die richtige innere Einstellung, wie sie in den vier *Brahmavihāras*, den vier »göttlichen Verweilungszuständen«, zum Ausdruck kommt: Güte, Mitleid, Mitfreude und Gleichmut. Mit diesen vier Geisteshaltungen durchstrahlt der Meditierende alle Richtungen.

Ethisches Verhalten ist gleichzeitig auch das für den Handelnden auf längere Sicht nützliche, das heilsame Verhalten. Allerdings darf der Handelnde bei seinem Verhalten nicht nach dem Nutzen schielen; denn dadurch würde sein Egoismus gestärkt, und er könnte **keinen** Nutzen mehr daraus ziehen. Daher muß gutes Handeln absichtslos sein. Wie erwähnt, ist dieses richtige Verhalten durch die Weltordnung in dem Sinne bestimmt, daß heilsames Tun gutes Karma, unheilsames Tun aber böses Karma hervorbringt. Dementsprechend wird das auf den Grundtugenden von Mitleid und Güte beruhende Handeln gute, das aus den Grundübeln Gier, Haß und Wahn hervorgehende Tun aber böse Folgen nach sich ziehen.

Da die Wesen verschieden sind und sich auf ganz verschiedenen Stufen des Weges zur Erlösung befinden, gibt es keinen Codex für alle Wesen gleichermaßen gültiger Verhaltensregeln; vielmehr ist die buddhistische Ethik eine sog. »Stufenethik«. Für alle Menschen, die seiner Lehre folgen wollen, hat der Buddha aber als Minimalregeln für richtiges Verhalten fünf Empfehlungen formuliert: nicht zu töten, nicht zu stehlen, sexuelle Ausschweifungen zu meiden, nicht zu lügen und sich des Rauschmittelgenusses zu enthalten.

Verschiedene Formen der Meditation oder »Geistesentfaltung« sind von größter Bedeutung für die Verwirklichung des buddhistischen Heilsweges. Das zur Erlösung führende Wissen ist nicht bloße Kenntnis von Sachverhalten, sondern es besteht in der aus der richtigen Erkenntnis folgenden Umgestaltung des nach Erlösung Strebenden **von Grund auf**. Die Methoden buddhistischer Meditation sind vielfältig; sie sind den jeweiligen psychischen Dispositionen des einzelnen Menschen anzupassen.

Man unterscheidet »analytische« Methoden und »Vertiefungen«. Die analytische Methode der Meditation ist die »Vergegenwärtigung der Achtsamkeit« (*satipaṭṭhāna*), die sich auf die Analyse der **eigenen** Persönlichkeit des Meditierenden, und damit auf die Erkenntnis ihrer Bedingtheit, Veränderlichkeit und Vergänglichkeit konzentriert. Der Meditierende erlebt in jedem Augenblick in voller Bewußtheit alle Regungen seines Körpers und seiner Psyche.

Die »Versenkung« (*samādhi*) wird demgegenüber als *Gerichtetsein des Geistes auf ein einziges Objekt der Meditation* definiert. Durch bestimmte Übungen werden Vertiefungen (*dhyāna*) verwirklicht; d.h. durch Konzentration des Geistes werden Versenkungszustände erreicht, die von der durch ein Glücksgefühl bestimmten ersten bis zu der durch Gleichmut bestimmten vierten Vertiefung, nach anderen Texten noch weiter bis zur achten Vertiefung jenseits der Unterscheidung von Wahrnehmung und Nichtwahrnehmung reichen.

Das indische Wort für das Endziel des buddhistischen Heilsweges, *Nirvāṇa*, bedeutet eigentlich »Erlöschen«. Es wird in den frühen buddhistischen Texten im wesentlichen durch verneinende Aussagen bestimmt: Es ist das Aufhören des Leidens, das Versiegen von Gier, Haß und Wahn, das völlige Erlöschen der Daseinsgruppen.

Die daraus von Kritikern des Buddhismus abgeleitete Behauptung, Nirvāṇa sei ein Synonym für absolute Vernichtung, und die Religion des Buddha sei ihrem Wesen nach nihilistisch, ist aber falsch. Zwar erlöschen beim Erlösten alle Daseinsgruppen, doch erscheint das Nirvāṇa nur dem Unwissenden als Vernichtung. Für den Wissenden ist es der von der Welt radikal verschiedene Bereich des absoluten Friedens.

Nirvāṇa ist also nach einer berühmten Definition *das restlose 'Erlöschen' des in Gier, Haß und Verblendung sich äußernden, das Leben bejahenden und sich daran klammernden Willenstriebes und damit die endgültige, restlose Befreiung von allem zukünftigen Wiedergeborenwerden, Altern und Sterben, Leiden und Elend.* Es ist ein nur zu **erfahrender** Zustand, der sich mit unseren menschlichen Denk- und Beschreibungskategorien nicht erfassen läßt.

Seligkeit ist das Nirvāṇa, sagt Sāriputta, einer der beiden Hauptjünger des Buddha. Und auf die Frage, wie es denn Seligkeit geben könne, wo es keine Empfindung gibt, sagt er: *Eben dies ist die Seligkeit des Nirvāṇa, daß es hier keine Empfindung gibt.* Körper und Psyche des Erlösten bestehen noch weiter, bis der Zeitpunkt ihres physischen Zerfalls gekommen ist. Aber die Befreiung vom Sichanklammern an das Dasein ist erreicht, und dies ist die absolute innere Freiheit.

Nun fragen wir uns natürlich, wer da eigentlich wiedergeboren wird, und wer ins Nirvāṇa eingeht und dann nicht mehr wiedergeboren wird. Nāgasena, der dem indogriechischen König Menander oder Milinda die Lehre des Buddha erklärte, benutzt dafür folgendes Gleichnis: *Wenn jemand eine Lampe anzündet, würde sie nicht die ganze Nacht hindurch brennen? Ist nun die Flamme in der ersten Nachtwache identisch mit der Flamme in der letzten Nachtwache, oder sind sie nun verschieden?* Der König muß beide Fragen verneinen. *So auch*, sagt Nāgasena, *schließt sich die Kette der Gegebenheiten des Daseins zusammen: die eine entsteht, die andere vergeht. Ohne Anfang, ohne Ende schließt es sich zusammen; darum ist es weder dasselbe Wesen noch ein anderes Wesen, das zur letzten Stufe seines Erkennens gelangt.*

Nun verstehen wir auch, warum der Buddha die Frage nach der Weiterexistenz des Erlösten im Nirvāṇa nicht beantwortet hat. Die Fragen, *ob die Welt ewig oder nicht ewig ist, ob die Welt begrenzt oder unendlich ist, ob das Lebewesen mit dem Körper identisch oder von ihm verschieden ist, ob der Vollendete nach dem Tod fortlebt oder nicht*, zu beantworten, lehnt er ab - sie führen ins Gestrüpp der Meinungen, zur Verwirrung, weg von dem, was allein nötig und sinnvoll ist, nämlich vom Weg zur Erlösung. Der Buddha hat ihre Beantwortung aber nicht deshalb abgelehnt, weil er die Antwort nicht kannte; für die Buddhisten ist ein Buddha potentiell »allwissend«; d.h. was immer er erkennen **will**, das **kann** er auch erkennen. Mit der Erleuchtung - so glauben sie - ist sein Bewußtsein nicht mehr den Beschränkungen unterworfen, denen unser normales Bewußtsein unterliegt. Moderne Buddhisten erinnern uns nun daran, daß auch die neueste Physik Aussagen über das Wesen des Mikrokosmos und des Weltganzen gemacht hat, die sich dem Verständnis im Rahmen unserer normalen Denkkategorien völlig entziehen. Die Fragen über Endlichkeit und Unendlichkeit der Welt usw. sind aber aus der Sicht normaler Erkenntnisfähigkeit gestellt. Es sind prinzipiell falsch gestellte Fragen, und daher ist eine richtige Antwort darauf auch nicht möglich. Wenn Nirvāṇa ein Zustand ist, der nicht mehr dem Bereich der *Saṃskāras*, der »Gestaltungen«, angehört, der also nicht mehr den Anschauungsformen von Raum und Zeit unterworfen ist, dann wäre hier die Beschreibung etwa eines »ewigen Lebens« ganz sinnlos. Von »Seligkeit« kann nur bildhaft zur Umschreibung des Unbeschreibbaren gesprochen werden, wie in der vorhin angeführten Textstelle. Wenn die buddhistische Erleuchtung unbeschränkte Erkenntnis gewährt, dann auch die Einsicht, daß man das Universum mit unserer beschränkten Erkenntnisfähigkeit nicht verstehen kann und daß es auch sinnlos wäre, dies zu versuchen.

Der Buddhismus stimmt nun in einem Punkt mit den anderen Weltreligionen überein: in der besonderen Rolle, die er dem Menschen zuweist. Zunächst einmal sind für den Buddhisten alle Formen des Lebens im Prinzip gleichwertig; für ihn wie für die meisten Hindus ergibt sich dies aus der Lehre von der Wiederverkörperung. Deshalb ist es, wie schon erwähnt, sittliches Ideal und erstes Gebot der Ethik, Lebendes nicht zu verletzen. Gleichwohl ist der Mensch insofern eine hervorgehobene Daseinsform, als nur er seine eigene Erlösungsbedürftigkeit voll zu erkennen und den Weg zur Erlösung zu beschreiten in der Lage ist. Nur in der Form menschlicher Existenz gelangen die Wesen zu der Fähigkeit, sich selbst zu reflektieren. Auch höhere Wesen, die sog. Götter, haben

Bewußtsein in unserem Sinne; aber ihr durch frühere gute Taten bedingtes, wenn auch zeitlich befristetes Dasein ist so beschaffen, daß ihnen das Leiden zu wenig zum Bewußtsein kommt. So kann die erste Stufe des Erlösungsweges nur von Menschen beschritten und damit die Grundlage für spätere Erlösung gelegt werden.

Die buddhistische **Kosmologie** ist gekennzeichnet durch das Wissen um die ungeheure Größe von Raum und Zeit. Schon die ersten modernen Erforscher buddhistischer Texte staunten über die »großen Zahlen der Buddhisten« - für Abendländer, deren religiöse Tradition die Weltschöpfung nur ein paar Jahrtausende zurückdatierte, vor 200 Jahren etwas noch Erstaunliches. Die buddhistische Kosmologie geht von einem zyklischen Verlauf der Geschichte der Welt aus, von Perioden der Weltentstehung, bestimmten sich wiederholenden Weltentwicklungen und kosmischen Weltkatastrophen, auf die wieder neue Weltentstehungen folgen.

In einem alten Text wird so auch die Vorstellung von einem weltbeherrschenden Gott, wie sie vielen Indern zur Zeit des Buddha geläufig war, mit einer rationalistischen Mythendeutung erklärt: Nach einem Weltuntergang entfaltet sich die Welt wieder. Dem Wesen, das als erstes zur Existenz in der neuen Welt gelangt, kommt der Gedanke: *Ich bin Brahmā, der große, allmächtige Gott, dessen Auge alles sieht, der unumschränkte Herr, der Schöpfer, der alles nach seinem Willen lenkt. Ich habe diese Wesen geschaffen. Denn mir kam früher dieser Gedanke: 'Ach, wenn doch auch andere Wesen entstehen würden!' Das war der Wunsch meines Geistes, und da sind nun tatsächlich diese Wesen ins Dasein gelangt.* Und auch die **nach** ihm entstandenen Wesen denken: *Das ist Brahmā, der allmächtige Gott usw.* Aber das alles ist nur Illusion dieses Gottes; denn alle Wesen sind den unabänderlichen Gesetzen des Weltgeschehens unterworfen, und auch Brahmā ist nur durch sein gutes Karma zum Gott geworden. Wenn dieses gute Karma verbraucht ist, so wird er sterben und in anderer Form wiedergeboren werden.

Für die uns aus dem Christentum geläufige Gottesvorstellung ist im Buddhismus kein Raum. So sagt der Buddha nach einem alten Text: *Jene Asketen und Priester, die behaupten, daß, was auch immer dem Menschen zustoße an Wohl und Wehe, daß das alles durch Gottes Schöpfung bedingt sei, die habe ich aufgesucht und befragt: 'Ist es wahr, daß ihr diese Lehre vertretet?' Sie bejahten dies. Ich aber sagte ihnen: 'Demnach also, Verehrte, würden die Menschen infolge von Gottes Schöpfung zu Mördern, Dieben, Gewalttätern, Lügnern, Zuträgern, Habgierigen usw.'*

Wenn nun Besucher buddhistischer Länder dort Götterbilder in buddhistischen Tempeln sehen, so erklärt sich dies in folgendem Sinn: Wie schon gesagt, ist die sog. Götterwelt nichts anderes als eine höhere Form der Existenz, die auch wir selbst im Prinzip erreichen können. Die indischen Texte verwenden für die beiden hier zur Diskussion stehenden Begriffe von »Gott« und »Göttern« ganz verschiedene Wörter.

Man hat dem Buddhismus vorgeworfen, er vertrete einen spirituellen Egoismus, er gewähre keinen Trost für die Armen und Schwachen, ja, er sei nihilistisch und pessimistisch. Vor allem die Lehre von der totalen Eigenverantwortlichkeit jedes einzelnen für sein Schicksal sei unmenschlich und trostlos. Doch dieser Vorwurf ist eigentlich absurd: Der Buddha hat die Welt nicht geschaffen; er ist für ihre Mängel nicht verantwortlich. Er kann sie auch nicht ändern. Er hat nur ihre wahre Natur **erkannt** und sie damit überwunden.

Der Buddha hat es auch abgelehnt, eine Welt**erklärung** zu geben. Er hat den Sinn seiner Lehre immer wieder eindeutig bestimmt: Nur was zur Erlösung, zum Nirvāṇa, führt, ist Gegenstand seiner Lehre. Dabei hat er stets an die Vernunft und an die Erkenntnisfähigkeit der Menschen appelliert. Seine Lehrweise ist der philosophische Dialog, der im Prinzip dem platonischen Dialog entspricht. Er verkündet nichts *ex cathedra*, sondern ruft in seinem Gesprächspartner Erkenntnis hervor, überzeugt ihn durch geduldige Argumentation. Deshalb rief der Buddha dazu auf, ihm nicht einfach zu glauben, sondern seinen Rat zu befolgen und die Richtigkeit seiner Lehre durch die Praxis nachzuprüfen. Gläubige sind wie eine Kette von Blinden, von denen keiner etwas sieht. Der Buddha sah, wie gefährlich es ist, wenn Menschen sich blind und fanatisch an eine Lehre klammern, und sei es die des Buddha selbst. Und deshalb hat er auch die Notwendigkeit der Toleranz gegenüber Andersdenkenden hervorgehoben.

Die buddhistischen Mönche erhielten den Missionsauftrag, *aus Mitleid für die Welt und vielen zum Heile* die Lehre des Buddha zu verkünden. Aber sie sollten nicht predigen, wenn sie nicht ausdrücklich dazu aufgefordert waren. Noch viele Jahrhunderte später galt die Regel, daß Mönche nur predigen oder Bücher schreiben sollten, wenn sie darum gebeten wurden; die Lehre des Buddha soll den Menschen nicht aufgedrängt werden.

Wie aus dem Gesagten hervorgeht, ist die Lehre des historischen Buddha eine Erlösungslehre für den einzelnen in einer pluralistischen Gesellschaft. Wer den Erlösungsweg konsequent beschreiten und wer sich dazu aus der Welt zurückziehen wollte, der konnte dem Sangha beitreten, der vom Buddha gegründeten klösterlichen Gemeinschaft von Mönchen und Nonnen. Der Buddha selbst beschreibt den Sinn seiner Ordensgründung in folgender Weise: *Da hört jemand die Lehre des Buddha. Nachdem er sie gehört, gewinnt er Vertrauen zum Vollendeten, und er sagt sich: 'Voller Hindernisse ist das häusliche Leben, eine Stätte der Unreinheit. Wie der freie Himmel aber ist die Hauslosigkeit. Nicht leicht ist es, im häuslichen Leben einen fleckenlosen, heiligen Wandel zu führen.' Deshalb gibt er sein Vermögen und seinen Verwandtenkreis auf, schert Haar und Bart, legt das gelbe Gewand an und zieht in die Hauslosigkeit. In die Hauslosigkeit gezogen, erfüllt er die Lebensregeln der Mönche: Er vermeidet das Verletzen lebender Wesen, ist voll Mitgefühl und Erbarmen zu allen Wesen. Er vermeidet das Stehlen, nimmt nur das Gegebene und ist reinen Herzens. Er vermeidet die Unkeuschheit, lebt rein und enthält sich des geschlechtlichen Verkehrs. Er vermeidet die Lüge, spricht nur die Wahrheit und täuscht niemanden. Er vermeidet die Zwischenträgerei, vermeidet grobe Worte und leeres Geschwätz. Er vermeidet es, Keim- und Pflanzenleben zu zerstören. Er speist nur einmal am Tage, besucht keine Tanzvorstellung, Gesangs- und Musikveranstaltungen und dergleichen, schmückt sich nicht mit Kränzen, Wohlgerüchen oder Salben, schläft nicht in hohen und breiten Betten, nimmt kein Gold oder Silber an, kein rohes Getreide oder rohes Fleich, keine Diener oder Dienerinnen, besitzt keine Haustiere usw. Er ist zufrieden mit dem Gewand, das seinen Körper schützt, und mit der Almosenspeise, die seinen Magen füllt.*

Gelegenheit zur Verwirklichung dieses Ideals mönchischen Lebens zu bieten: das war der Sinn dieser Ordensgründung. Regeln dienen praktischen Zwecken, sind nur Hilfe, kein Selbstzweck. Der Weg zur Erlösung selbst ist nur durch die richtige Geisteshaltung in Meditation und Erkenntnis zu verwirklichen, wobei es keine Rolle spielt, wie genau äußerliche Observanzen eingehalten werden.

Aber aus **praktischen** Gründen waren doch äußere, für die Laien sichtbare Merkmale notwendig, durch die erkennbar wird, ob jemand sich ganz dem Ziel der Erlösung widmet und damit würdig ist, Spenden der Laien zu empfangen. Deshalb hat der Buddha auch formale Vorschriften erlassen. Diese Vorschriften regeln das Verhalten der Mitglieder des Sangha innerhalb der Gemeinschaft und gegenüber den Laien. Sie reichen von den Grundregeln ethischen Verhaltens, also vom Verbot, einen Menschen zu töten, bis zu rein äußerlichen Verhaltensvorschriften, wie dem Verbot, Wasserspiele zu veranstalten. Diese Regeln sind entsprechend den für ihre Übertretung vorgesehenen Sanktionen in mehrere Gruppen gegliedert. Verstöße gegen die Regeln der ersten Gruppe ziehen *ipso facto* den dauernden und unwiderruflichen Ausschluß aus dem Sangha nach sich. Andere schwere Verstöße gegen die Ordensregeln haben einen zeitweiligen Verlust von Rechten im Sangha zur Folge, während der Buddha seiner Gemeinde die Aufhebung der sog. »kleineren Regeln« freigestellt hat. Diese kleineren, das äußere Verhalten regelnden Vorschriften sollen sicherstellen, daß die Mönche sich ihrer Umwelt gegenüber wohlanständig und unanstößig verhalten. Das sog. »Beichtformular«, also der Text aller dieser Verbote, wurde bei regelmäßigen Beichtfeiern vorgetragen. In der alten Gemeinde war eine Beichte der Vergehen vor dem versammelten Sangha vorgesehen, die später durch eine Art Privatbeichte bei einem ordinationsälteren Mönch ersetzt wurde.

In dieser Gemeinschaft der Mönche und Nonnen gab es zunächst noch keine Hierarchie; alle Mönche waren gleich, ihre Stellung in der Gemeinde war allein durch die seit ihrer Ordination verflossene Zeit, also ihr »Ordinationsalter«, bestimmt. Auch hat der Buddha keinen Nachfolger als Oberhaupt der Gemeinde eingesetzt. Nach seinem Tode sollten allein seine Lehre und seine Ordensregel als Wegweiser dienen. Die Lehre sollte jedem zugänglich sein, der sie erfassen kann. Der Buddha wollte keine Geheimtradition begründen, die nur Auserwählten zugänglich wäre.

Der älteste Orden war eine Gemeinschaft umherziehender Bettelmönche und Bettelnonnen; doch erhielt der Orden von den Laien schon früh Grundbesitz geschenkt, der für die Errichtung von Hütten und später von dauerhaften Wohnsitzen für die Mönche und Nonnen benutzt wurde. So wurde der Sangha im Laufe der Zeit seßhaft und veränderte damit seine Eigenart und Funktionen, aber auch sein Verhältnis zur Laiengemeinde, indem die Mönche bestimmte, der christlichen Seelsorge vergleichbare Aufgaben übernahmen.

Man konnte aus dem Orden jederzeit austreten und später wieder beitreten, so daß sich zunächst kein streng abgegrenzter berufsmäßiger Mönchsstand entwickelte. In einigen Ländern, z.B. in Thailand und Birma, ist dies so geblieben. Hier hat sich die Sitte herausgebildet, daß jeder junge Mann eine bestimmte Zeit als Mitglied des Ordens verbringt. Dies ist etwa katholischen Exerzitien vergleichbar. Dieser Brauch hat auch die enge Verbindung zwischen Laien und Klöstern gestärkt. In einigen anderen Ländern allerdings, z.B. in Sri Lanka, hat sich der Sangha zu einer Art buddhistischer Berufsgeistlichkeit entwickelt.

Die große Masse der Anhänger der Lehre des Buddha sind jedoch keine Mönche oder Nonnen, sondern Laien. Man bekennt sich äußerlich ohne weitere Formalitäten durch die »Zufluchtsformel« als Buddhist: *Ich nehme meine Zuflucht zum Buddha; ich nehme meine Zuflucht zur Lehre (dharma); ich nehme meine Zuflucht zum Sangha.* Die Laiengemeinde ist zwar traditionell ohne formale Organisation; sie ist aber doch für den Bestand des Buddhismus als Religionsgemeinschaft nicht weniger wichtig als der Sangha. Der tägliche Almosengang der Mönche, die mit der Bettelschale durch die Dörfer gehen, ist heute noch lebendiger Brauch in Ländern wie Thailand und Birma. So war der Sangha für seine Existenz auf Unterstützung durch die Laien angewiesen. Zwar konnten sich die Mönche notfalls Roben aus weggeworfenen Stoffetzen, die sich an Wegrändern und auf Leichenfeldern fanden, selbst zusammennähen; besonders strenge Mönchsgruppen trugen nur Kleidung dieser Art. Doch durften die Mönche auch Stoffe sowie andere für ihr asketisches Leben nötige Gebrauchsgegenstände als Spenden empfangen. Die dauerhafte Existenz des Sangha blieb stets von der Existenz einer buddhistischen Laiengemeinschaft abhängig.

Dies ist jedoch nur **ein** Aspekt der Bedeutung des buddhistischen Laienstandes. Ein Buddhist, der - aus welchem Grunde auch immer - den Eintritt in den Orden nicht vollziehen wollte oder konnte, konnte durch Spenden an die Mönche religiöses Verdienst, also gutes Karma, für sich selbst erwerben. Darüber hinaus kann der Laienanhänger aber auch, je nach seinen Lebensumständen und nach seinen Fähigkeiten, darüber hinausgehende Fortschritte auf dem Weg zur Erlösung erreichen. So geht aus frühen Texten hervor, daß einzelne Laien sogar das Nirvāṇa erreichten. In alten Texten wird von Laien beiderlei Geschlechts berichtet, die sich eifrigen Meditationsübungen hingaben. So heißt es in der Erklärung zum *Lehrtext über die Vergegenwärtigung der Achtsamkeit*, daß sich Frauen an Badestellen und Webstühlen über diese wichtigste der buddhistischen Meditationsmethoden ausführlich unterhielten. Auch dieser Teil buddhistischer Praxis war niemals den Mönchen vorbehalten, und noch heute sind einige der bedeutendsten buddhistischen Meditationslehrer Laien.

Wie andere Religionsstifter hat auch der Buddha seine Lehren in Form von Predigten und Lehrgesprächen vorgetragen, hat aber keine Kodifikation oder gar Niederschrift seiner Lehren veranlaßt. Die buddhistische Überlieferung berichtet, daß eine Versammlung führender Mönche gleich nach dem Hinscheiden des Buddha dessen Lehren gesammelt und geordnet habe; das Ergebnis sei der *Tripiṭaka* genannte und aus drei Hauptteilen bestehende buddhistische Kanon. Nach heutiger Ansicht sind in dieser frühesten Periode nur die wichtigsten Teile der Mönchsregel schon wirklich kodifiziert worden. In Abweichung von der vedisch-brahmanischen Tradition bediente sich der Buddha nicht des Sanskrit, der Sakralsprache der altindischen Überlieferung. Vielmehr lehrte er in der Umgangssprache seiner Zeit, also in einem mittelindoarischen Dialekt. Erst im ersten vorchristlichen Jahrhundert wurde die Sammlung der Lehren des Buddha niedergeschrieben. Als sich später der *Mahāyāna*-Buddhismus herausbildete, also das sog. »Große Fahrzeug«, wurden die alten Texte durch neue Sammlungen ergänzt, die man nun ebenfalls als Wort des Buddha betrachtete.

Wie eingangs erwähnt, habe ich noch eine der Traditionslinien des späteren Buddhismus ausgewählt, um darüber ein paar Worte zu sagen, nämlich den *Śūnyavāda*, die »Lehrtradition von der Leerheit«, die sich in Indien in den ersten Jahrhunderten unserer Zeitrechnung entwickelte. Sie gehört zu den Richtungen des Mahāyāna, des sog. »Großen Fahrzeugs«, über das zunächst ein paar Worte gesagt werden müssen. Dieser Mahāyāna-Buddhismus ist nicht ein einheitliches, in sich geschlossenes Lehrgebäude, wie es der alte Buddhismus gewesen war, sondern er umfaßt eine Vielfalt von Religionsformen, denen einige Grundgedanken gemeinsam sind. So waren sich die Bekenner aller Richtungen des Mahāyāna darüber einig, daß die von den traditionellen Mönchsgemeinden vertretenen Lehren unvollständig seien. Der historische Buddha und andere Buddhas hätten, so sagte man nun, über die bisher bekannten Lehren hinaus noch Einsichten verkündet, für deren Verständnis frühere Generationen noch nicht reif gewesen seien. Nun aber sei die Zeit für die Verbreitung jener tieferen Lehren gekommen, die das wahre Wesen der Welt erkennen lassen und zur »Vollkommenheit der Erkenntnis« (*prajñapāramitā*) führen. Sie sind in den frühen Lehrtexten des Mahāyāna niedergelegt, die großenteils im 1. bis 5. Jahrhundert n.Chr. ihre heutige Textgestalt erhalten haben dürften.

Die Anhänger des Mahāyāna haben keineswegs die Autorität der alten kanonischen Schriften bestritten. Vielmehr relativierten sie lediglich deren Gültigkeit, indem sie sich der Lehre von der doppelten Wahrheit bedienten, wonach der Buddha in Anpassung an die Fassungskraft seiner Hörer manchmal Aussagen im Sinne konventioneller, manchmal aber auch im Sinne der höchsten Wahrheit gemacht habe. Man kann ihre Ansichten über das Verhältnis von Hīnayāna-Kanon (also dem alten Tripiṭaka) und Mahāyāna-Sūtras in gewisser Weise mit den christlichen Anschauungen über das Verhältnis von Altem und Neuem Testament vergleichen, ohne daß es allerdings zu einer so erbitterten Konfrontation gekommen wäre wie zwischen Christen und Juden. Es gab sogar Klöster, in denen Anhänger beider Richtungen friedlich zusammenlebten.

Eines der Hauptmerkmale aller Formen des Mahāyāna ist die Aufforderung an die Menschen, nicht nur die **eigene** Erlösung anzustreben. Vielmehr setzten sich die Anhänger des Mahāyāna das **neue** Ziel, **selbst** ein Buddha, selbst ein Verkünder des Erlösungsweges für andere zu werden. Deshalb bezeichnet sich die neue Richtung auch *Bodhisattvayāna* »Fahrzeug der Erleuchtungswesen« und auch als *Mahāyāna* »Großes Fahrzeug«. Seine Anhänger sollen den langen und mühevollen Weg auf sich nehmen, der für einen *Bodhisattva*, »Erleuchtungswesen«, also einen zukünftigen Buddha, vorgezeichnet ist. Das Mahāyāna bietet auch eine große Verheißung. Nicht mehr nur wenigen Asketen steht das Heil offen, sondern der Masse der Menschen. Auch so ist die Bezeichnung »Großes Fahrzeug« zu verstehen. Das Vorhandensein einer unermeßlichen Zahl von Buddhas und Bodhisattvas gibt allen die Möglichkeit, am Heilsgeschehen mitzuwirken, oder auch an dem Schatz der Verdienste dieser Welterlöser teilzuhaben.

Die von den Anhängern des Mahāyāna begründete Schule, von der hier die Rede sein soll, heißt *Śūnyavāda* (»die Lehre vom Leeren«). Sie ist auch als Lehre der *Mādhyamikas*, der Vertreter der »mittleren« Lehre, bekannt. Der berühmteste Vertreter des Śūnyavāda ist der Philosoph Nāgārjuna (um 200 n.Chr.); er hat die Thesen der Schule mit einer fein ausgearbeiteten Dialektik begründet. In ihrem Mittelpunkt steht die Lehre von der »Leerheit« (*śūnyatā*).

Erinnern Sie sich noch einmal daran, was ich zur Frage nach der Existenz des Erlösten im Nirvāṇa gesagt habe, auf die eine Antwort nicht gegeben werden konnte. Wo die Vorstellungs- und Denkformen unserer bedingten vergänglichen Existenz und die Begriffe Existenz und Nichtexistenz nicht mehr anwendbar sind, wird nun der Begriff der »Leere« (*śūnyatā*) eingeführt; er bildet nämlich die Mitte zwischen den beiden Gegensätzen (daher »mittlere« Lehre). Die Lehre von der »doppelten Leerheit der Wesen und der Dinge« in der Philosophie des Śūnyavāda ist mithin eine Weiterführung der erwähnten, im alten Buddhismus formulierten These von der »Leerheit der Wesen«, d.h. der Nichtexistenz des »Selbst«.

Der Śūnyavāda wendet sich gegen den »Realismus« der seinerzeit in Indien sehr einflußreichen Hīnayāna-Schule der *Sarvāstivādin*, nach deren Ansicht die »Gegebenheiten« (*dharma*) existieren, d.h. Sein besitzen. Zwar lehrte auch diese Schule in Übereinstimmung mit allen anderen Buddhisten, daß die Gegebenheiten kein Selbst (*ātman*), also keine unvergängliche Seele, enthalten oder konstituieren. Die Mādhyamikas sagten darüber hinaus, daß auch den Gegebenheiten kein »eigenes Wesen« zukommen könne, weil sie nämlich auch verursacht und entstanden, sowie dem Vergehen unterworfen seien. Man könne von ihnen weder sagen, daß sie existierten, noch, daß sie nicht existierten; in Wahrheit sind sie »leer« (*śūnya*). Nur **weil** sie kein eigenes Wesen besitzen, mithin vergänglich sind, können sie nach dem Gesetz des »bedingten Entstehens« oder »Entstehens in Abhängigkeit«, das wir vorhin kennengelernt haben, in der Erscheinungswelt auftreten und verschwinden, so daß sie im Sinne der **konventionellen** Wahrheit als existent betrachtet werden. Im Sinne der **höchsten** Wahrheit allerdings sind **alle** Erscheinungen der Welt – einschließlich der Buddhas, ihrer Lehre und ihrer Gemeinden – »leer«. Dies impliziert nach der Lehre der

Mādhyamikas, daß keine bestimmte Aussage über sie gemacht werden kann, auch nicht die Aussage ihrer Nicht-Existenz. Deshalb besteht im Sinne der höchsten Wahrheit auch kein Unterschied mehr zwischen dem Saṃsāra, also der Erscheinungswelt, und dem Nirvāṇa. Beide sind wesensgleich, sie sind »leer« (*śūnya*).

Nun neigen manche Autoren dazu, in der »Leerheit« eine Umschreibung des »Absoluten«, ja sogar eine Art Gottesbegriff zu sehen. Eine solche Aussage über die Natur der »Leere« ist jedoch deshalb irreführend, weil sie das »Absolute« in einen Gegensatz zum »Relativen« setzen würde. Die Erlösung aber besteht in der Überwindung **aller** Gegensätzlichkeit. Einer der bedeutendsten Kenner des Buddhismus, der 1983 verstorbene Étienne Lamotte, hat dies folgendermaßen formuliert: *Wenn die Mahāyāna-Anhänger sagen, daß Wesen und Gegebenheiten 'leer' sind, so weisen sie ihnen keinerlei Attribute zu. Sie lehnen es ab, die Leerheit zu hypostasieren, weil sie 'überhaupt nichts', bloße 'Nicht-Existenz', ist. Es ist nicht infolge der Leerheit, daß die Wesen und Gegebenheiten leer sind. Sie sind leer, weil sie nicht sind. Die Vorstellung von der Leerheit ist zudem nur von provisorischem Wert: Es ist ein Floß, das man aufgibt, wenn man den Strom überquert hat, eine Medizin, die man wegwirft, wenn man wieder gesund ist. Und deshalb sind die Mahāyānisten auch keine Nihilisten: Nihilisten verneinen, was sie sehen. Die Mahāyānisten sehen nichts, und konsequenterweise bestätigen sie weder etwas noch verneinen sie etwas.*

Man kann also bei dieser Richtung des Buddhismus feststellen, daß sie die Grundgedanken der alten Lehre beibehalten und in konsequenter Weise weiterentwickelt hat. Andere Formen des Buddhismus haben sich erheblich weiter von der alten Lehre entfernt. Bodhisattvas und mystische Buddhas, die aus höheren Daseinssphären in unsere Welt hineinwirken und den Gläubigen ihre Hilfe angedeihen lassen, haben im späteren Mahāyāna zentrale Bedeutung erlangt. Wie eingangs gesagt, kann aber im Rahmen eines einzelnen Vortrages über den Buddhismus von diesen Entwicklungen nicht die Rede sein.

Christentum

Peter Antes

Ich finde es bezeichnend und aus meiner Sicht gut, daß die Reihe »Weltreligionen« hier in Aachen das Christentum einbezogen hat. Man könnte in der Tat glauben, daß in einem europäischen Land das Christentum mehr oder weniger eine Selbstverständlichkeit sei. Wir wissen inzwischen aber aus allen möglichen Gesprächen, vor allem mit Studenten, daß die Kenntnisse darüber bei weitem nicht so ausgeprägt sind, wie man das früher als Allgemeinbildung voraussetzen konnte. Es scheint, daß man »vor lauter Bäumen den Wald nicht mehr sieht« und daß das Christentum als solches unter der Vielzahl christlicher Kirchen, christlicher Arten von Sozialisation nicht mehr in den Blick kommt. Ich habe deshalb freudig zugestimmt, diesen religionsgeschichtlichen Versuch einer Information über das Christentum, der in einem gewissen Sinne Pilotcharakter hat, für Aachen zu übernehmen.

Ich möchte nicht - um das gleich zu sagen - hier eine Kirchengeschichte oder gar eine Institutionen-, Konfessions- und Sektengeschichte vor Ihnen ausbreiten. Es ist zwar richtig und darf erwähnt werden, daß im Grunde genommen alle uns heute bekannten religiösen Gruppierungen, die sich auf Jesus Christus berufen, maßgeblich aus drei Schüben von Trennungen oder Spaltungen hervorgegangen sind. Grob gesagt, alle 500 Jahre fand eine zentrale Spaltung statt: im 4. und 5. Jahrhundert die Spaltung zwischen der morgenländischen und der abendländischen Kirche, ungefähr um das Jahr 1000, also im 11. Jahrhundert, die Spaltung innerhalb der abendländischen Kirche zwischen dem, was wir heute die Orthodoxen Kirchen und die westliche, Lateinische Kirche nennen, und dann - in der Reformationszeit, also im 16. Jahrhundert, - die Spaltung innerhalb dieser Lateinisch-abendländischen Kirche in das, was wir heute die Katholische Kirche und die Protestantische Kirche nennen. Aus all diesen Spaltungen gingen neue Sondergruppierungen hervor, sie alle haben unendlich viel zu der Diskussion zwischen den Kirchen beigetragen und nicht selten eminent viel Schuld auf sich geladen, um die Widersprüche und Kämpfe zwischen den einzelnen Richtungen anzuheizen und voranzutreiben. Was manchem erschütternd erscheint, ist, daß von all diesem historischen Ballast viele in unserem Lande, vor allem junge Menschen, kaum noch etwas wissen. Tilman Moser schreibt einmal, all das, worunter er in seiner Jugend gelitten hat, sei den Jüngeren unter seinen Studenten noch nicht einmal mehr als Bildungsgut bekannt.[1]

Aus diesem Grunde möchte ich heute den Blick auf das lenken, was möglicherweise doch als das Zentrale und allen Gemeinsame gelten kann. Alle diese hier angesprochenen Kirchen und Gruppierungen haben dies gemeinsam, daß sie sich auf Jesus Christus als Gründer berufen und dabei vor allen Dingen die Bibel, und zwar das Neue Testament, als Bezugsquelle benützen, vornehmlich im Neuen Testament die vier Evangelien. Dieser Bezug ist nicht ohne Konsequenz für eine Frage, der wir uns gleich zuwenden müssen, nämlich der Frage, was über den historischen Jesus zu sagen ist und was - wie die Theologen sagen - der Christus des Glaubens ist.

I. Der historische Jesus und der Christus des Glaubens

Der Unterschied, der mit dieser Aufspaltungs-Formulierung angedeutet ist, liegt als Problem im Neuen Testament selbst begründet. Das Neue Testament und in ihm die Evangelien, d.h. die Berichte über das Leben Jesu, seine Taten und Worte, sind Zeugnisse des Glaubens der frühen christlichen Gemeinde. Es werden Dinge berichtet, die im Glauben dieser frühen christlichen Gemeinde eine zentrale Rolle gespielt haben. Die frühe christliche Gemeinde lebt aus der Überzeugung, daß der in Palästina zwischen 30 und 36 u.Z. zum Tode verurteilte und am Galgen hingerichtete Jesus zwar gestorben ist, aber damit die Sache nicht einfach erledigt war, sondern daß er von Gott erweckt wurde und - das ist die Überzeugung der frühen Christen - lebendig ist und weiterwirkt. Alles, was sie über diesen Jesus von Nazareth aus seinem früheren Leben berichten, sehen sie im Lichte dieses ihres - wie man theologisch sagt - Auferstehungsglaubens, der so fest in ihnen war, daß nicht wenige davon daran so festhielten, daß sie ihn auch als ihre Überzeugung festhielten, als sie bedroht wurden, ja, als sie dafür den Tod erleiden mußten, weil sie diesem Glauben nicht abschworen. Die Dar-

[1] Tilmann Moser: Gottesvergiftung. Frankfurt/M. (Taschenbuchausgabe) 1980, S.22

stellung des Lebens Jesu und die Berichte über das, was er getan hat, sind folglich von vornherein in der Weise, wie sie uns heute im Neuen Testament und speziell in den Evangelien zugänglich sind, Deutungen im Lichte des Glaubens, der davon ausgeht, daß Jesus der Gekreuzigte **und** Auferstandene ist, also daß Jesus der ist, der am Kreuz, dem Galgen der damaligen Zeit, gestorben ist und nicht tot blieb, sondern durch ein unmittelbares Eingreifen Gottes eine neue Form der Existenz und des Lebens gefunden hat. Was immer auch historisch passiert sein mag und durch die Formel von der Auferstehung umschrieben wird, sicher ist, daß gerade dieser Glaube maßgebliches Movens für die Predigt der frühen Christen war und daß es eben dieser Glaube war, der weitergegeben wurde, nämlich die Verkündigung von Jesus als dem Gekreuzigten und Auferstandenen. Und es wird in diesen Schriften gezeigt, daß dieser Jesus wirklich etwas Außergewöhnliches ist, indem man auf Ereignisse aus seinem Leben und auf Sätze rekurrierte, die er gesprochen hat, aber sie alle im Lichte dieses Auferstehungsglaubens deutete.

Dabei machte man Anleihen - wie religionswissenschaftlich gleich zu sagen ist - an Vorstellungen, die in der damaligen Welt des Mittelmeerraumes nicht unbekannt waren. Man hatte Vorbilder in dieser Darstellung im Judentum, aus dem Jesus stammt, in der Weise, daß etwa bei Matthäus gesagt wird, Jesus sei *der neue Moses*, oder - an anderer Stelle -: *Jesus ist der von den Juden erwartete Messias.* Es gibt aber auch Vorstellungen aus dem hellenistisch-griechischen Bereich, dem Palästina damals als Teil des römischen Reiches angehörte, Vorstellungen, die mit den eben genannten aus dem Judentum gar nichts gemeinsam haben, wie etwa die programmatische Aussage im Lukas-Evangelium, Jesus sei *der Heiland*. Viele Heilande wurden damals angepriesen, aber er sei nun **der** Heiland und er sei auch **der** Herr in Konkurrenz und Überbietung zu dem Herrn- und Herrscherkult, wie er bei den römischen Kaisern sich gerade etablierte.

Bis in das sprachliche Vorstellungs-Kolorit reicht das Bild der parallelen zeitgenössischen Literatur hinein, wenn beispielsweise bei Matthäus und Lukas gesagt wird, daß Jesus von einer Jungfrau geboren ist, so wie es in der damaligen zeitgenössischen Literatur von Alexander dem Großen oder Platon gesagt wurde; wenn gesagt wird, daß Jesus Wunder gewirkt hat, so wie es von vielen Großen, u.a. dem Kaiser Vespasian bei Sueton berichtet ist und wenn an religiöse Vorstellungen der damaligen Zeit angeknüpft wird, wie etwa die Vorstellung der Naherwartung des unmittelbar bevorstehenden Weltendes aus dem Judentum.

Gerade die Tatsache, daß die neutestamentlichen Schriften Deutungsschriften von Leben und Lehre Jesu im Lichte des nachösterlichen Auferstehungsglaubens sind, macht es schwierig, über den historischen Jesus Genaues aus diesen Schriften herauszudröseln. Denn wir haben es eben nicht mit einer protokollarischen Auflistung von Fakten zu tun und wir haben es auch nicht mit einer stenogramm-mäßig niedergeschriebenen Form seiner Reden zu tun, sondern wir haben es mit einer Aufnahme dieser Fakten und Reden in einen Deutungszusammenhang zu tun, der schon dadurch deutlich wird, daß beispielsweise die eine oder andere Geschichte, die Jesus erzählt, bei dem einen und anderen Evangelisten in einem völlig anderen Zusammenhang berichtet wird. Die Forschung über das Leben Jesu steht deshalb vor großen Problemen, um nun aus diesen Glaubensschriften und Deutungsdokumenten des Glaubens der frühen christlichen Gemeinde das herauszukristallisieren, was an historischem Befund wirklich gefunden werden kann.

Ich möchte diese diffizile Geschichte nicht im Detail ausbreiten, sondern mich auf einige wesentliche Merkmale hier beschränken. Diese sind - wie Sie sich leicht denken können - fast satzweise Zitate aus unterschiedlichen Büchern, ohne daß ich das jetzt der Verständlichkeit wegen deutlich machen kann. Sicher scheint zu sein, daß Jesus in Palästina, das damals zum römischen Reich gehörte, aber als jüdisches Volk einen Sonderstatus hatte, in einer Zeit kurz vor der Zeitenwende - die Meinungen variieren zwischen 6 oder 8 v.Chr. und 4 v.Chr. - geboren wurde. Er wuchs im jüdischen Milieu auf, ohne daß man sehr viel über sein Leben weiß. Seine Muttersprache war deshalb sicher, was das Denken und die Ausdrucksweise gegenüber dem jüdischen Volk angeht, vornehmlich Aramäisch. Er wird natürlich auch Hebräisch gekonnt haben. Ob er Griechisch konnte, ist bis heute umstritten. Dieses Detail ist deshalb wichtig, weil das Neue Testament uns in Griechisch überliefert ist und somit - wie immer man das deutet - in wesentlichen Punkten uns das, was Jesus gesagt hat, nur als Übersetzung zugänglich ist. Jesus verstand sich als von Gott gesandt, und zwar aller Wahrscheinlichkeit nach als im Sinne der prophetischen Tradition an die Söhne und Töchter Israels gesandt. Es gibt eine Stelle im Neuen Testament (Matthäus 15,24ff), in der berichtet wird, daß er es abgelehnt hat, ein Wunder an einer Syro-Phönizierin zu wirken, woraus man schließt - und andere Stellen verstärken diesen Eindruck -, daß er seine Mission primär als eine Mission an das Volk Israel gerichtet verstanden hat.

Jesus lebte gedankenmäßig offensichtlich sehr stark von der Vorstellung, die in der damaligen Zeit weitverbreitet war, daß das Ende der Welt unmittelbar bevorstehe und der Tag des Gerichtes nicht mehr abzuwenden sei, daß Gott kommen und Rechenschaft fordern werde. Aber - und hier beginnt der Hauptteil seiner Lehre - er versuchte deutlichzumachen, daß dieser Gott nicht ein Buchhalter sein wird, der alles fein säuberlich aufrechnet, was die Menschen an Fehlern begangen haben, um sie zu bestrafen, daß er auch nicht einer ist, der vermutlich nur auf Askese sich einschießt und etwas anderes gar nicht gelten läßt, sondern daß er einer ist, der - und jetzt kommen die ganzen Gleichnisse - ist wie einer, der 99 Schafe in der Wüste zurückläßt und dem einen verlorenen nachgeht, der ist wie eine Frau, die ein Geldstück sucht und alles andere zunächst einmal ausläßt, der sozusagen zugeht auf die Menschen, der dem, der in der letzten Stunde kommt, genau soviel gibt wie einem, der schon den ganzen Tag über da war, einer, der ist wie jemand, der sich freut über die Rückkehr des Sohnes und ein Fest veranstaltet und ihm nicht vorwirft, daß er das Vermögen, das er ursprünglich einmal eingefordert hat, in der Fremde mit allen möglichen nichtstaugenden Leuten verpraßt hat - ein Gott also, der sich freut, mehr freut über einen einzigen, der umkehrt und umdenkt, als über 99 Gerechte, die dieser Umkehr nicht bedürfen, ein Gott, der auf die Menschen zugeht und der gerade denen eine Chance offeriert, die von der Gesellschaft mißachtet und verworfen sind, wie etwa in der damaligen Zeit die Zöllner und die Prostituierten. Und Jesus verkündet, daß jeder, der sich von diesem Gott anrühren läßt und umdenkt, auch bei diesem Endgericht gerettet werden kann, sofern er bereit ist, in sich zu gehen und sich auf dieses neue Denken einzulassen.

Es mag sein, daß eine solche Lehre in hohem Maße das religiöse wie politische Establishment der damaligen Zeit beunruhigt hat. Wir wissen dies nicht mit Sicherheit, und bis heute ist umstritten, warum der historische Jesus eigentlich verurteilt wurde, was im

Prozeß ihm vorgeworfen wurde. Die Bemerkung, daß vor allen Dingen die Pharisäer daran schuld gewesen seien, ist historisch nicht zu halten, weil im Hohen Rat, der im Zusammenwirken mit den römischen Behörden und speziell dem Statthalter Pontius Pilatus die Verurteilung Jesu ausgesprochen hat, weil in diesem Hohen Rat die Pharisäer gar nicht wesentlich vertreten waren, sondern eine ganz andere Gruppierung maßgeblich den Ton angab, nämlich die Sadduzäer, über deren Gegnerschaft zu Jesus wir nur beiläufig im Neuen Testament etwas erfahren. Kurzum: Es kam nach relativ kurzer Zeit einer Predigt- oder Missionarstätigkeit Jesu, die vielleicht ein bis drei Jahre dauerte, zu einem großen Fiasko; und es darf in diesem Zusammenhang nicht vergessen werden, daß Jesus gar nicht der einzige in der damaligen Welt des Judentums war, der solche Vorstellungen vom Herannahen des Gerichts und Aufforderungen zum Umdenken verkündet hat - alleine aus der Bibellektüre ist bereits Johannes der Täufer bekannt, wir wissen heute aber auch von anderen Gruppierungen, wie etwa den Leuten in Qumran, eventuell auch den Essenern, daß solche Gedanken damals durchaus üblich waren und daß die Antworten auf diese Bedrohung des Kommens Gottes unterschiedlich ausfielen - die Jesu habe ich aus dem Neuen Testament schon anhand der Gleichnisse hier berichtet.

In jedem Fall endet die Predigt Jesu abrupt durch die Verurteilung und Hinrichtung am Galgen. Und danach kommt jenes Ereignis der »Auferweckung« oder »Auferstehung«, das dazu führt, daß nicht einfach diese eben dargestellte Botschaft Jesu von der frühen Gemeinde wiederholt wird, sondern daß die Anhänger Jesu damit beginnen, Jesus selbst als den Gekreuzigten und Auferstandenen zu verkündigen, und alles, was vorher lag, im Lichte dieses Glaubens deuten.

Die Glaubensvorstellungen, die das frühe Christentum hier entwickelt, haben zum Teil Bezüge zum jüdischen Glauben, zum Teil enthalten sie typisch christliche Sonderaspekte.

Ich glaube, es ist deutlich geworden, daß Jesus - das muß hier nochmals wiederholt werden - seine Botschaft als primär an das jüdische Volk gerichtet gesehen hatte. Das frühe Christentum überschreitet diesen Bereich sehr rasch, nimmt Nicht-Juden auf, unterwirft sie nicht dem mosaischen Gesetz, vollzieht in diesem Punkt eine gewisse Trennung vom Judentum in einem Prozeß, der natürlich einige Jahre dauert - man kann darüber streiten, wie lange -; aber deutlich wird, daß die eigentliche Geschichte des Christentums eine Geschichte ist, die erst nach dem Tode Jesu einsetzt. Das religionsgeschichtliche Phänomen Christentum ist nach-österlich. Und in diesem Phänomen spielt der jüdische Part eine große Rolle, aber diese Überzeugung, diese Grundüberzeugung, daß in Jesus Gott am Werke ist, führt dazu, daß typisch christliche Inhalte hinzukommen. Das Judentum wird konzeptionell als Basis weiter mittradiert, als Basis in der Form, daß - und das ist in der Religionsgeschichte meines Wissens einmalig - eine Gruppe sich aus einer Religion hinaus entwickelt und eine neue Religion gründet und zugleich das Heilige Buch der ursprünglichen Gemeinde vollständig mitnimmt. Es ist ein Spezifikum der Religionsgeschichte, daß die hebräische Bibel vollständig zur Bibel der Christen geworden ist, oder vollständig die Bibel der Christen blieb. Daß allerdings durch die Tatsache, daß das Neue Testament dazukam, diese hebräische Bibel - nun Altes Testament genannt - sozusagen als eine erweiterte Einheit zu sehen ist. Aus der hebräischen Bibel und vor allem aus der Tradition der Propheten sind wesentliche Grundgedanken im Christentum fortgeführt worden.

II. Das biblische Gottesbild

Ich möchte hier drei Grundgedanken herausstellen, wobei der dritte uns dann bereits in das christliche Gedankengut hineinführen soll, nämlich

1. die Vorstellung von Gott als dem Schöpfer,
2. die Vorstellung von Gott als dem Richter und
3. die Vorstellung vom Bund zwischen Gott und den Menschen.

1. Also zunächst zu Gott als dem Schöpfer: Die hebräische Bibel antwortet auf die Frage, warum überhaupt etwas existiert oder da ist, nicht mit dem, was man vielleicht heute gerne sagen würde - es ist zufällig da -, sondern sie nennt dafür einen Grund und sagt: Das alles kommt von Gott. *Am Anfang schuf Gott Himmel und Erde.*

In der alltäglichen Diskussion kennen Sie die Reaktion auf diese beiden Antworten. Wenn jemand fragt: *Warum ist etwas und nicht nichts?* und jemand sagt: *Ja, das ist zufällig so*, dann hört man auf zu fragen, obwohl man natürlich genauso gut fragen könnte: *Was ist es denn, wenn es Zufall ist?*, denn der Verweis auf den Zufall ist lediglich eine vertröstende Aussage, die inhaltlich nichts erklärt. Gleiches geschieht *prima vista* bei dem Wort »Gott«. Die Dinge der Welt sind da, weil Gott sie geschaffen hat. Der Glaube, der sich hierin ausdrückt, kann dies erläutern, ohne daß damit natürlich jetzt bewiesen werden kann, daß das so ist; natürlich kann gezeigt werden, wie vernünftig oder mit welchen Konsequenzen ausgestattet ein solcher Glaube ist. Denn dieser Glaube besagt: Wir sind nicht das Produkt des Zufalls, sondern das Ganze, die ganze Welt, ist in guten Händen. Die Welt stammt aus guten Händen.

Psychologisch führte das über lange Strecken des Christentums zu der Konsequenz, daß die Menschen - ich möchte es einmal so nennen - eine Art Urvertrauen ins Dasein entwickelten. Sie wußten, das Ganze hängt nicht sinnlos in der Luft, sondern das Ganze geht zurück auf eine weise Anordnung von jemand, der die ganze Sache in Händen hält und der durch seine erhaltende Kraft auch dafür sorgt, daß das nicht total ausufert.

2. Ja, ein anderer Blick kommt noch hinzu, nämlich der in die Zukunft. Man weiß, daß auch das menschliche Tun und das menschliche Verhalten einen Sinn hat. Die Vorstellung der ersten Zeit der jüdischen Religion war wohl die: Religion zahlt sich aus - eine Vorstellung, mit der auch wir noch gerne umgehen -, nämlich Religion zahlt sich in der Weise aus: Wer fromm ist, dem geht es gut. Wenn Sie das 1. Buch Mose sich einmal ansehen, stellen Sie fest, daß immer wenn Gott segnet, ganz materielle Dinge den Patriarchen geschenkt werden. Der Segen Gottes hat eine vierfache Form: Gesegnet wird man dadurch, daß man gesund ist, daß man Güter besitzt, daß man in Gesundheit alt wird und daß man Kinder hat, was in früheren Zeiten so etwas wie der Generationenvertrag oder die Rentenversicherung der damaligen Zeit war. Wer nicht die Gebote Gottes einhält, geht dieses Segens zeitweilig oder in Einzelpunkten verlustig. Er wird krank, er stirbt zu früh, er hat keine Kinder oder sonst etwas. Diese simple und eigentlich auch sympathische Vorstellung ist historisch nur nicht aufgegangen; sie stimmt nicht. Erste Auseinandersetzungen damit sind das Buch Hiob in der hebräischen Bibel und dann später die Makkabäer-Bücher, und was sich dabei herauskristallisiert, ist nicht: Es ist im Grunde genommen egal, als Mutter Teresa oder Eichmann zu leben. Sondern es ist eine Vorstellung, die sagt: Das Gute zu tun und das Böse zu lassen, hat einen Sinn, auch wenn er nicht unmittelbar

erkennbar ist; das menschliche Handeln hat in jedem Falle Spätfolgen. Praktisch wird das Ganze in einen anderen Bereich verlagert, den wir »Jenseits« nennen, in dem der Ausgleich der Gerechtigkeit stattfinden soll. Deshalb hat es einen Sinn, auch unter schlechten Bedingungen, wo man Vorteile hat, wenn man lügt oder jemanden umbringt, sich an die Gebote Gottes zu halten, weil letztlich doch noch Gerechtigkeit geschieht.

Zum Urvertrauen ins Dasein kommt so das Vertrauen auf eine letzte ausgleichende Gerechtigkeit - in der biblischen Fachsprache die Vorstellung von Gott, dem Richter. Es ist also nicht - um das gleich zu sagen - jenes furchtbare Gericht, vor dem man zittern muß, sondern zunächst eine positive Vision all derer, die um der Gerechtigkeit willen leiden, daß sie darauf hoffen können, daß dereinst doch noch Gerechtigkeit geschieht, wobei allerdings zuzugeben ist, daß manchmal - und das ist der tröstliche Aspekt - Gnade vor Recht ergeht. Wenn dies geschieht, wenn eine positive Bilanz gezogen wird, sei es in der Form, daß wirklich die Taten dafür sprechen, oder in der Form, daß letztlich Gnade vor Recht ergeht, dann kommt ein neues Dasein, ein Sein mit Gott. Anders als im Islam ist in diesem Denken die Belohnung im Jenseits nicht ein Paradies, sondern das Sein bei Gott - in der klassischen Fachsprache als »Himmel« definiert. Dies ist deshalb wichtig, weil sich damit ein Heilsbegriff andeutet, der in das hineinführt, was ich jetzt »die Geschichte des Bundes« nennen möchte und womit ich gleichzeitig zu den Vorstellungen des typisch Christlichen überleiten will.

3. Von Anfang der hebräischen Bibel an ist es so, daß Gott den Menschen einen Bund mit Gott vorschlägt. Und in der Tradition der Propheten wird deutlich gesagt, daß dieser Bund eine Art Ehebund ist mit allen affektiven und emotionalen Seiten dieses Wortes und daß dieses Liebesverhältnis zwischen Gott und den Menschen faktisch das einzige Heil für den Menschen ist. Aber - und die hebräische Bibel ist voll davon - der Mensch glaubt diesem Angebot nicht, er traut dem Segen nicht, meldet Zweifel an oder versucht bisweilen, ihm unmittelbar verlockenden individuellen und egoistischen Idealen zu folgen, und bricht infolgedessen den Bund mit Gott. Die erste Geschichte dieser Art haben wir im 1. Buch Mose beim Sündenfall im Paradies, und solche Geschichten wiederholen sich immer wieder, ja, sie wiederholen sich so stark, daß

zwischendrin Gott eigentlich doch - so wird jedenfalls im 1. Buch Mose berichtet - ziemlich enttäuscht ist über das, was er da als Menschen, als freie Menschen geschaffen hat und beschließt, die Menschen zu vernichten. Es ist die berühmte Erzählung von der Sintflut. Er läßt allerdings noch ein paar übrig, weil die ihm die Treue halten, und gleich, nachdem sich die Wasserflut beruhigt, beginnt die Geschichte der Sünde von neuem. Dennoch schwört Gott, daß er das nicht mehr tun wird. Er wird die Menschen nicht vernichten, obwohl er schon weiß, daß die Sache schlecht geht. Im Gegenteil: Auf jede Aufkündigung des Bundes durch den Menschen und jeden Zweifel an dieser göttlichen Aufrichtigkeit zum Bund und zur Bereitschaft setzt Gott ein neues Zeichen der Vergebung und sagt: Nun gut, man kann sich einmal irren, wir schließen einen neuen Bund, wir bringen die Sache wieder ins Reine. Begreift doch, daß dies euer Weg zum Heil ist!

Und so geht es nach dem Bericht der hebräischen Bibel durch die Jahrhunderte. Im Prinzip bleibt diese Sorge des Menschen bestehen, nämlich daß irgendwann Gott doch einmal genug hat und sagt: Also, so oft habe ich es jetzt mit euch versucht, jetzt reicht es mir. Ich habe zwar einmal gesagt - bei Noah -, das mache ich nie wieder; aber irgendwann langt es, jetzt ist das Maß voll. Dieser Sorge ist argumentativ, so sieht es die Optik des Neuen Testamentes und der späteren christlichen Dogmatik, nichts entgegenzusetzen. Es sei denn, Gott entschließt sich, etwas zu machen, was unwiderleglich dieses Ja zum Menschen und zu diesem Bund dokumentiert. Nach christlicher Überzeugung ist dieser Entschluß Gottes darin zu sehen, daß Gott beschlossen hat, durch die Menschwerdung in Jesus Christus das Leben eines Menschen selbst zu führen.

Nun geht es, wie ich schon angedeutet habe, Jesus auch nicht besser als der Geschichte des Bundes. Dennoch zieht sich Gott nach christlicher Überzeugung auch hier nicht zurück. Er hält dieses Ja durch, selbst als sie Jesus ans Kreuz schlagen. Und mit der Auferstehung wird die Menschwerdung auch nicht aufgelöst, ja durch die Himmelfahrt wird deutlich, daß von nun an der Mensch durch Jesus Christus in Gott präsent ist. Das Aussenden des Geistes Gottes, dessen man an Pfingsten gedenkt, bedeutet, daß der Mensch in jedem Falle die Chance hat bzw. ihm die Möglichkeit offensteht, an diesem Leben in Gott teilzunehmen. Menschwerdung, Auferstehung, Himmelfahrt und Dreifaltigkeit sind infolgedessen - wenn ich das etwas kurz und knapp zusammenfasse - der zum System erhobene Ausdruck, also der systematische Ausdruck für die Gewißheit, daß das Heilsangebot Gottes an den Menschen bestehenbleibt, komme, was wolle, was der Mensch als einzelner oder die Menschheit als ganze, individuell oder kollektiv, tun mag. Dies zu revidieren wäre nur möglich, wenn Gott selbst sich verwerfen würde.

Damit bin ich in jenen Bereich vorgedrungen, der zum Kernstück der christlichen Offenbarung, nach der Auslegung der Konzilien jedenfalls, gehört, nämlich der Lehre von Gott als dem Dreieinigen.

III. Das spezifisch Christliche

Viel Philosophie war notwendig, viel historisch belastetes Vokabular ist eingesetzt worden, um dieses praktisch nie ganz Erfaßbare zu formulieren, was Inbegriff der göttlichen Offenbarung ist. Gott offenbart sich selbst im Christentum. Er offenbart nicht nur seinen Willen - wie im Islam -, er offenbart auch nicht nur aus dem unzugänglichen Lichte her sein Wesen - mehr oder weniger aus Distanz gesehen -, sondern er öffnet sich und läßt den Menschen an seinem innergöttlichen Leben teilnehmen. Die Gewißheit, daß dieser Weg offensteht, ist zugleich auch die Basis für den Absolutheitsanspruch des Christentums, daß nämlich diese Offenbarung nicht mehr revidiert werden kann - vorausgesetzt, daß dieser christliche Glaube richtig ist und daß es sozusagen hier auch keine weitere Möglichkeit mehr für eine diese noch überhöhende Offenbarung gibt.

Der Mensch ist im Christentum eingeladen, am innergöttlichen Leben teilzunehmen, und dieses innergöttliche Leben wird dargestellt durch den berühmten Satz: *Gott ist die Liebe*. Das Wesen Gottes ist ein Sein aus überschäumender Liebe. Und da wir uns normalerweise ein solches Wogen der Liebe gar nicht vorstellen können, ohne in Kategorien von Personen zu denken, kristallisiert sich dieses Beziehungsfeld in den Formen von Personen - drei Personen, die in einem Gott dieses Hin und Her des überschäumenden Lebens darstellen. Der Mensch hat die Chance, hieran teilzuhaben, und zwar auf der Basis des Nachvollzugs der Liebe. In der Liebe zum Nächsten und zu Gott wird folglich der christliche Glaube konkret und als Daseinsvollzug relevant.

Der spanische Theologe González Ruiz sagt, daß Gott in der Bibel eine einzige Frage an den Menschen stellt, die wie ein roter Faden die Bibel durchzieht, nämlich die Frage: *Wo ist dein Bruder?* So wird schon Kain nach Abel gefragt, und so wird am Ende, nach dem Bericht vom Letzten Gericht, den der eben genannte spanische Theologe González Ruiz *das Gleichnis von den Atheisten* nennt,[2] die Frage gestellt: *Was hast du mir getan?* Es wird nicht gefragt bei denen, die verurteilt werden, ob sie an Gott geglaubt haben, sondern es heißt: *Was ihr dem Geringsten meiner Brüder getan habt, das habt ihr mir getan* (Matthäus 25,40). Man mag mir als Einwand hier entgegenhalten, dies sei ein horizontales Religionsverständnis; nur der Nächste spiele eine Rolle. Das christliche Religionsverständnis lebt aber aus der Gewißheit und hat als einzige Basis die Überzeugung, daß im Prinzip das alles nur als Beurteilungskriterium stimmt, weil Gott die Liebe ist. Wäre dem nicht so, wäre auch diese Konsequenz nicht zu ziehen.

Weiter könnte man einwenden, diese Art des Denkens läuft auf eine Philosophie hinaus, eine simple Philosophie: Man muß sich nur lieben, und alles ist gut. Wer das Gute tut, wer die Liebe praktiziert, der verdoppelt die Freude und alles Gute, und damit ist die Sache in Ordnung. Wozu eigentlich der ganze Aufwand dieser Theologie? Ich möchte dazu dreierlei sagen.

1. Es ist nicht nur eine Philosophie, sondern die christliche Überzeugung sagt, daß diese Philosophie deshalb stimmt, weil sie in Jesus Christus konkret Mensch geworden ist.

2. Es ist auch nicht so einfach, wie es aussieht. Die Kirchengeschichte beweist es. Offensichtlich setzen sich im Menschen immer wieder andere Tendenzen durch, die dieser Öffnung, diesem Bereitsein zum grenzenlosen Vertrauen entgegenstehen. Und damit bin ich

3. bei einer Grundkonstante, die das Christentum ebenfalls festhält bei der Lehre vom Menschen, nämlich daß der Mensch in sich nicht heil ist, sondern daß der Mensch in sich, wie Luther sagt, »verkrümmt« ist, sozusagen auf sich hingebogen. Bei Dante steht das schöne Bild im 6. Gesang der Hölle, daß die Wesen, die in dieser Hölle leiden, wie Eiszapfen ineinander hineingefroren sind,

---

[2] José Maria González Ruiz: Creer es comprometerse. Barcelona [5]1970, S.31ff, insbes. das »Gleichnis von den Atheisten« S.44-46

jeder in sich selbst, ohne Kommunikation. Christliche Überzeugung ist, daß dieses Modell des immer perfektionierteren Egoismus scheitern muß, daß es nur eine Rettung gibt, das aufzubrechen: in der Liebe. Und wenn auch nur ein kleiner Docht für dieses mit allen möglichen privaten Erfahrungen sowie schweren Schicksalen und Umweltformen belasteten Daseins am Glimmen ist, danach zu streben, dann ist die Hoffnung nicht verloren. Die christliche Botschaft sieht die Welt wie ein Geflecht, in das wir hineingestellt werden und das unseren Blick auf die Suche nach dem Ich richtet. Und die christliche Botschaft verkündet und behauptet, daß dieser Weg, der immer perfektionierter und raffinierter von vielen Menschen eingeschlagen wird, ein Weg ist, der nicht deshalb scheitert, weil die Methode der Perfektionierung nicht gut genug ist, sondern weil er im Prinzip falsch ist. Nur ein radikales Umdenken - so wird μετάνοια (metánoia) übersetzt - macht es möglich zu sehen, daß die Rettung des Menschen in jener ganz anderen Dimension liegt, nämlich im Offenwerden, in einem hoffnungsvollen Erwärmtwerden, in der Liebe, in jener Liebe, die aus Gott ist und die Gott ist.

Daß die Geschichte des Christentums diese Grundidee des Christentums oft dadurch verstellt hat, daß sie entweder diese Gedankengänge, die ich möglichst klar und einfach hier vortragen wollte, mit Detailfragen überfrachtete und mit vielen philosophischen Spekulationen ausstattete, oder dadurch verstellt hat, daß sie die Anweisungen, wie man idealerweise diese Liebe verwirklicht, so weit in Einzelfälle aufgelöst hat, daß praktisch eine Realisierung im Sinne dieses Prinzips gar nicht mehr möglich war, weil vor lauter gutgemeinten Ratschlägen fast jede Entfaltungsmöglichkeit verstellt war, möchte ich hier nicht in Abrede stellen. Mein Bestreben war und ist, den Blick auf jenes Grundanliegen zu wenden. Dies ist vielleicht gerade heute, wo traditionelle Barrieren vielfach durchlittener Erfahrungen mit dem Christentum weggefallen sind, wieder möglich, so daß wir uns mit dem, was Christentum eigentlich wollte, beschäftigen können.

Literaturhinweis

Antes, Peter: Christentum - eine Einführung. Stuttgart-Berlin-Köln-Mainz 1985 (Urban-Tb 378)

Judentum

Pnina Navè Levinson

1. Vorbemerkung

Seit einigen Jahren wächst das Interesse an Religion, Geschichte und Gegenwart des Judentums. Viele Fragen werden gestellt. Dabei wird bewußt, daß die Kenntnis der Bibel nicht ausreicht, um sie zu beantworten. Ebensowenig ergibt sich die Antwort aus dem Studium der Verfolgungs- und Leidensgeschichte des Volkes Israel. So tritt in den Blick, was die formende Kraft jüdischen Lebens ist: die Tradition der Rabbinen, der nachbiblischen Meister, prägte es für alle Zeiten. Ihre deutende Weitergabe von *Tora* und *Mizwot*, Gottes Lehre und Geboten, hielt die Hebräische Bibel nach vorne offen und unterscheidet das Judentum von den anderen biblisch inspirierten Religionen. Ihre Sicht von Schöpfung, Offenbarung und Erlösung, vom Weg des Menschen zwischen Zweifel und Vertrauen entfaltet sich in einer faszinierenden Theologie. Sie ist erzählend und richtungweisend für alle Bereiche des Lebens. Ihr Grundmodell ist biblisch und völlig anders als die griechisch-römische Begabung für übersichtliche Ableitungen und systematische Verfassungen. Es bleibt viel Spielraum für ein plurales Verständnis. Die Spannung zwischen gemeinsamer Verantwortung und individuellem Denken ermöglicht bis heute eine ständige Weiterentwicklung des Judentums. So ist das Leben eine Antwort auf das Wort. Erzählen und Erinnern hat Vorrang vor Gedankenkonstruktionen, die Verantwortung für den Mitmenschen und die Welt ist ein Ausdruck der Frömmigkeit.

Diese Tradition ist so mächtig, daß sie weit über den Kreis jener hinaus wirkt, die ihr ganzes Leben nach der Tradition gestalten. Rabbinische Werte bestimmen auch das Fühlen und Handeln von nichtobservanten Juden - in ihrem Eintreten für die Gesellschaft, der sie angehören, und im Aufbau des Staates Israel.

Die neue Begegnung mit dem Judentum erfolgt in Gemeinden, Schulen und Universitäten. Es gehört zur Tragik der jüdischen Geschichte, daß nur wenige jüdische Partner vorhanden sind. Für beide Seiten ist es bedrückend, daß es an einer solchen Offenheit und Bereitschaft vor sechzig Jahren fehlte, welche die Vernichtung des europäischen Judentums hätte verhindern können. Dieser Gedanke macht uns das Gespräch oft schwierig. Dennoch dürfen wir uns dieser Aufgabe nicht entziehen: gemeinsam können Zeichen der Hoffnung gesetzt werden.

Evangelische und katholische Christen verstehen, wie notwendig für sie die Wandlung des Verhältnisses zum jüdischen Volk ist. Bischöfe und Synoden gaben verpflichtende Erklärungen zu einer Wende in der christlichen Theologie ab. Sie betonen den Wunsch der Verbindung zu den Wurzeln des guten Ölbaums. Langsam setzt sich die Erkenntnis durch: *Nicht du trägst die Wurzel, sondern die Wurzel trägt dich* (Paulus, Römerbrief 11,18). Für den jüdischen Partner bedeutet dies eine zusätzliche Neuentdeckung des Eigenen. Die Rabbinen verpflichten uns, stets Lernende zu bleiben. Lehren ist ein dialogischer Vorgang. *Viel lernte ich von meinen Lehrern, mehr von meinen Kollegen, am meisten aber von meinen Schülern* (Babylonischer Talmud, Ta'anit 7a; Makkot 10a). Für diese Erfahrung bin ich auch den christlichen Kollegen und Studenten dankbar.

Bedeutsam ist mir auch das heutige Datum im Juni:[1] Seit sieben Wochen gedenken wir täglich der Herausführung aus Ägypten. Wir haben Pessach gefeiert, Ostern, das Fest der Befreiung aus Unterdrückung. Morgen, am 50. Tag, begehen wir das Wochenfest, das Fest der Offenbarung am Sinai: Freiheit erhält ihren Sinn durch Gottes Gebote für Israel und die Menschheit.

2. Volk und Religion

Das Volk Israel ist Träger des Judentums. Es mahnt immer wieder sich selbst und die Mitmenschen, nach einem sinnvollen Leben zu suchen. Die Basis dafür ist in den Erfahrungen des frühen Israel verwurzelt. Wir sprechen von dem **Bund** mit Gott. Diese verpflichtende Beziehung bedeutet **Verantwortung** für Israel und die Menschheit. **Bundeszeichen** des Judentums sind seit biblischer Zeit der Sabbat für alle und außerdem die Beschneidung für Männer.

Bei der Betrachtung des Judentums in seiner jahrtausendealten Geschichte fällt zweierlei auf: die Betonung der Hebräischen Bibel

---

[1] 7. Juni 1989

als unabdingbarer Grundlage und die Betonung der ebenso unabdingbaren Weiterentwicklung durch die Schriftgelehrten und Rabbinen, also jene Meister, die den Buchstaben der Schrift aktualisieren und zur ständigen Richtschnur oder Norm lebendig erhalten. Normatives Judentum ist rabbinisches Judentum, und jüdische Theologie ist nicht die biblische, sondern deren spätere Deutung. Das Spätere stellte man sich stets so vor, daß es bereits im Früheren, in der Schrift, enthalten war. Man spricht von der »Mündlichen Lehre«, die als Verstehensweg und Ausfaltung der »Schriftlichen Lehre« von Anbeginn mitgegeben war. Wie dies geschieht, ist Gegenstand vielfältiger Vorgänge, die insgesamt das historische Judentum ausmachen. Bei der Betrachtung mache man sich zur Veranschaulichung gegenwärtig, daß es dabei nicht um erfundene Systeme geht, sondern um das Geschehen inmitten lebendiger Menschen, die in lebendigen Gemeinschaften lebten und sich stets als Glieder des jüdischen Volkes verstanden. Dieses ist unlöslich mit der jüdischen Religion verknüpft, mit *Tora*, der göttlichen Weisung, und *Mizwot*, Geboten. Es gibt kein Judentum ohne Juden in strukturierten, sich selbst und anderen erkennbaren Gemeinschaften. Gewiß können Einzelne auf den Gebrauch von Glaubensformen für sich selbst verzichten. Oder sie auch wiederfinden - ein Vorgang, der heute wie früher häufig stattfindet.

Jude sein heißt sich zu einer Gemeinschaft zählen, deren geschichtliche Erfahrungen mit dem persönlichen Leben zu tun haben. Jüdischer Glaube steht in der Verbindung von persönlicher und geschichtlicher Erfahrung. Diese Verflechtung des Individuellen mit dem Gemeinschaftlichen verhindert eine Verselbständigung intellektueller Systemspiele. So reizvoll sie sein mögen, können sie nicht das Betroffensein ersetzen, das in Familie und Gemeinde als lebendiges Erbe gegenwärtig ist.

In der Auseinandersetzung zwischen »neutraler« Philosophie und »subjektiver« Glaubensgewißheit wurde dieses Betroffensein wohl am prägnantesten von Rabbi Juda Halevi ausgedrückt (Spanien, 12.Jh.). In seinen Dialogen über das Judentum fragt ein König den jüdischen Gesprächspartner nach dessen Glauben. Er antwortet: Ich glaube an den Gott Abrahams, Isaaks und Israels, der die Kinder Israels mit Zeichen und Wundern aus Ägypten führte, sie in der Wüste ernährte und ihnen das Land gab, nachdem Er sie in wunderbarer Weise durch das Meer und über den Jordan geführt hatte; der Mose mit Seiner *Tora* sandte und nach ihm Tausende von Propheten, die sein Gesetz bestätigten ... Unser Glaube ist in der *Tora* enthalten. Der König beanstandet: Hättest du nicht besser sagen sollen, daß du an den Schöpfer der Welt glaubst, der ihr Leiter und Herrscher ist, und an Ihn, der dich schuf und erhält und weitere Eigenschaften, die jedem Gläubigen als Beweis dienen? Der Rabbi antwortet: Du sprichst von einer Religion, die auf Vermutung, Denken und System fußt, aber viele Zweifel ermöglicht (Kusari,I,11-13).

Daß Gott nicht der Gott der Philosophen blieb, der unnahbar und beziehungslos, fern dem Menschen existiert, ist nach rabbinischer Meinung das Verdienst Abrahams: er brachte Gott vom Himmel zur Erde, indem er Menschen von ihm kündete, die zuvor Gestirnsgottheiten anbeteten. Abraham aber sagte: Gott des Himmels und der Erde (1 Mose 24,3 und Midrasch Genesis Rabba zur Stelle).

Die Erfahrung Abrahams gipfelt im Bund, den Gott mit ihm und seinen Nachkommen schließt. Seitdem bedeutet »mein Gott« das gleiche, wie in den Begebenheiten der Stammväter und -mütter. Die Erfahrung kann hoffnungsvoll oder schwierig sein, durchschaubar oder völlig unverständlich. Wer mit dem Psalmisten betet *Mein Gott bist du, dir danke ich* (Psalm 118,28), meint damit, wie im ersten Segensspruch des Hauptgebetes, den Gott Abrahams, Gott Isaaks und Gott Jakobs. Die Rabbinen sagen dazu: jeder von ihnen hatte seine eigene, unverwechselbare Gotteserfahrung. Jeder von ihnen begegnete als der, der er ist, seinem Schöpfer, konnte mit ihm hadern, mit ihm ringen, sich angenommen wissen. Die Gotteserfahrung der Stammeltern wiederholte sich in ihren Nachkommen: der Gott des Bundes geht mit seinen menschlichen Partnern mit. Dazu lehrt die rabbinische Predigt: Die *Schechina*, Gottes Gegenwart in der Welt, ging mit Israel nach Ägypten und in jedes andere Exil, und kehrt mit Israel zurück in das Land der Verheißung (Midrasch Sifré zu 4 Mose, Perikope Beha'alotcha, Abs.84 u.ö.). In einem der Königsgleichnisse, die die Rabbinen so häufig gebrauchen, sagt Gott zu den Engeln: Falls ihr mich sucht - ich bin bei meinen Kindern (dort, Perikope Massa'é, Abs.161).

Nach der Erfahrung und Hoffnung des Judentums wird jedoch nicht nur die eigene Glaubensgemeinschaft von Gott angesprochen. Die Verheißungen gelten nicht nur Israel, und nicht nur die

Juden müssen sich an den göttlichen Geboten messen lassen. Dies ist eine Grundaussage der Hebräischen Bibel und ein wichtiges Thema der rabbinischen Überlieferung. Abraham soll ein Segen für alle Völker werden (1 Mose 12,4;18,18). Er hat zwei Söhne, die die Stammväter der Juden und der arabischen Völker werden (1 Mose 17,7-13;20,26). Jakob-Israel, der Gottesringer und Gottesknecht, erhält eine Aufgabe für die Welt: *Ich mache dich zum Bund der Völker, zum Licht der Nationen* (Jesaja 42,6). Die Propheten sind nicht allein zu Israel gesandt, um kritisch und verheißend die Forderungen des göttlichen Partners zu verkünden. Diese Forderungen beziehen sich auf die Gebote - vor und mit dem Sinai. Nicht erst am Sinai erhielten die Menschen Gebote, nach denen sie ihr Leben und Denken einrichten sollten. Gott ist der Gott der Bundesschlüsse nicht nur für Israel, sondern bereits seit Noah (1 Mose 9). Diese biblische Verkündigung macht bis heute den jüdischen Optimismus aus.

Zur langen Gotteserfahrung gehört aber nicht nur Offenbarung, sondern auch Verbergen und Fernsein. *Warum verbirgst du dein Angesicht?* klagen die Dichter der Psalmen (44,25 u.ö.) und mit ihnen die Betenden, die trotz Leid und Not zu diesem Gott sprechen. *Weshalb verdammst du mich, läßt mich gerinnen wie Milch, weshalb?* klagt Hiob Gott an (10,2ff.). Und oft verstummt der Leidende, weil Gott sich ihm verschließt, sein Schicksal unbegreiflich ist. Gott ist nicht durchschaubar. Er läßt sich nicht festlegen. Er paßt in kein System. Die jüdische Antwort auf das Leid lautet immer wieder wie die Hiobs: Auch wenn du mich an dir beirren willst, soll es dir nicht gelingen. Fast ist es wie ein heiliges Drama, was sich da abspielt in der Spannung zwischen Gott und den Menschen. Juden geben ihren Part nicht auf, auch wenn sie nicht den Text der künftigen Szenen kennen.

3. Der Eine Gott

Das jüdische Glaubensbekenntnis heißt nach seinem ersten Wort »das Schma«: *Schma Jisrael, Adonaj elohénu, Adonaj echad*: *Höre Israel, der Ewige ist unser Gott, der Ewige ist Einer* (5 Mose 6,4). Damit ist zugleich ausgesagt, daß Er einzigartig ist, nicht ein Gott unter anderen Göttern, sondern *Er der Eine und sein Name der Einzige* (Sacharja 14,9). Als diesen erkennt ihn Israel, und als diesen wird ihn künftig die ganze Erde anbeten (dort).

Israel war vom Henotheismus zum Monotheismus fortgeschritten, vom Glauben, daß jedes Volk seinen eigenen Gott habe, an den Einen Gott des Weltalls. Freilich trat diese Entwicklung nicht bei allen zugleich ein, jedoch ist sie seit Jahrtausenden die unveränderliche Grundlage des Judentums und damit auch der beiden Tochterreligionen, Christentum und Islam. Allerdings wurde der christliche Glaube oft als **Tritheismus** gesehen - von Christen und deshalb auch von Juden und Muslimen.

Daß es stets der gleiche, Eine und einzige Gott ist, mußte immer wieder klargemacht werden: *Derselbe Gott war es in Ägypten und am Schilfmeer, derselbe in der Vergangenheit und in der Zukunft, derselbe in dieser Welt und in der zukünftigen Welt, wie die Schrift sagt: Sehet nun, daß ich, ich es bin, kein anderer Gott ist mit mir (5 Mose 32,39); Ich, der Ewige, bin der Erste, und mit den Letzten bin ich es* (Jesaja 41,4; Midrasch Mechilta, Schirata, Perikope Beschallach, Abs.4). Wiederholungen wie »Ich, ich, er«, die sich hier finden, wurden in der christlichen Exegese als Schriftbeweis für die Dreifaltigkeit Gottes benutzt. Ebenso die verschiedenen Gottesnamen. Ein solcher Text ist Psalm 50,1: *El Elohim JHWH sprach*. Auch hier benutzte man als Argument gegen die christliche Theologie, daß »er sprach« und nicht »sie sprachen«. Vor allem aber wird als Vergleich herangezogen: Man kann einen Menschen mit drei Namen benennen - Arbeiter, Baumeister, Architekt. Zudem sei gemeint, daß Gott bei der Schöpfung, von der im Psalm die Rede ist, drei Eigenschaften benutzte: Weisheit, Verstehen, Wissen (Sprüche 3,19-20; Midrasch zu Psalm 50,1). Und auch irdische Könige tragen mehrere Titel: Basileus, Caesar, Augustus (Midrasch Genesis Rabba, Perikope Bereschit, Abs.8,9).

Oft benutzte man also die gleichen Schriftbeweise für die jüdische Einzigkeit Gottes und die christliche Zwei-einheit (und später Drei-einheit) Gottes. Je energischer das Christentum sich ausbreitete, desto energischer betonten Juden ihrerseits das Glaubensbekenntnis vom Einen, einzigen Gott, und um so andächtiger nahmen sie täglich »das Joch des Himmelreichs« durch dieses Bekenntnis auf sich. Das Verkünden der Einheit Gottes, hebräisch: *jichud*, wurde zu einem der drei Grundgebote der *Tora* erklärt, die man keinesfalls übertreten darf, selbst nicht bei Androhung des Todes. (Die beiden andern sind: man soll sich lieber erschlagen lassen als das Leben durch den befohlenen Mord an einem Mitmenschen oder durch Prostitution zu erkaufen; Babylon. Talmud, Sanhedrin 74a.)

Die siegreiche Kirche und der siegreiche Islam haben noch fast bis in die Gegenwart Juden gezwungen, ihren Glauben aufzugeben. Freilich geschah das auch ohne blutige Mittel, etwa indem die Taufe der einzige Weg war, einen erlernten Beruf auszuüben; das war im vorigen Jahrhundert bei Zehntausenden so, z.B. Heinrich Heine. In solchem Fall sprechen die Rabbinen vom Status *wie ein Kind, das in Gefangenschaft von Nichtjuden geriet*. Sie erleichtern die Rückkehr der Betreffenden und ihrer Nachkommen zum Judentum.

4. Das jüdische Menschenbild:

a Ethik

Die Bibel abstrahiert nicht, sondern schildert die Menschen in all ihren Konflikten, Schwächen und Stärken. Der Psalmist ruft staunend aus: Was sind die Menschen, daß du ihrer gedenkst, die Menschenkinder, daß du auf sie blickest, ihnen nur wenig von Göttlichem versagst, mit Ehre und Glanz sie krönest (Psalm 8,5-6)! Denn sie sind ja *Adam*, aus dem Staub der Erde, *adama*, erschaffen (1 Mose 2,7) - freilich als Ebenbild Gottes (1 Mose 1,27) und mit Seinem Geisteshauch beseelt (2,7). Ebenbild meint die ethischen Kräfte, nicht aber die äußere Form und den Körper (Ibn Esra, Spanien, 12.Jh., zu 1,27). Eine Großtat der jüdischen Ethik ist die Entdeckung des Mitmenschen als Gleichberechtigter: *Liebe den anderen Menschen, denn er/sie ist wie du!* (3 Mose 19,18) - so ist die treffendere Übersetzung anstelle der üblichen *Liebe deinen Nächsten wie dich selbst*. Dies ist ein Gegenpol zum griechischen Grundsatz, daß der Mensch das Maß aller Dinge ist: hier ist es der/die Andere, und nicht unser Selbst.

Die nachbiblischen Meister schilderten in einer Fülle von Deutungen zur Schrift, in Abertausenden von Predigten und Legenden Wesen und Sinn des menschlichen Lebens. Ihre Erfahrungen bezogen sich auf die Grundfragen des eigenen und mitmenschlichen Daseins. Meist war ihre Sicht optimistisch, denn als Ebenbild Gottes besitzen die Menschen eine hohe Würde. Dabei vergaßen sie jedoch niemals die Schwächen, und häufig finden sich Aussagen, die eher skeptisch klingen. Da es nicht ihre Sache war, eine in sich geschlossene Systematik zu konstruieren, blieben sie offen für die positiven Möglichkeiten und forderten den Einzelnen nichts Unmögliches ab. Sie sind nun einmal vorhanden, daher mögen sie sich mit ihrem Handeln verantwortlich auseinandersetzen (Babylon. Talmud, Eruwin 13b). Bewußtsein, Verantwortung, Rechenschaft werden betont. Sie liegen trotz aller äußeren Umstände weitgehend in unserer Macht. Man soll nicht überängstlich sein, keinen Perfektionismus anstreben: *Nicht du wirst das Werk vollenden - aber du hast kein Recht, dich ihm zu entziehen* (Sprüche der Väter 2,20). Wo Menschen bei aller guten Absicht versagen, hilft ihnen Gott. Zu Psalm 11,7 lehren die Rabbinen: *Der Ewige ist gerecht* - wenn es uns vergönnt wurde, Gutes zu tun, lohnt er es uns entsprechend, *Er liebt das Wohltun* - war es uns nicht vergönnt, so handelt er in Gnade und Barmherzigkeit (Psalmen-Midrasch zu 72,1). Wir brauchen uns also nicht in Schuldgefühlen aufzureiben, denn Gott selbst rechtfertigt uns. Voraussetzung ist freilich die Kenntnis des gottgewollten Lebensweges, das Hören auf die Stimme des Gewissens. Menschsein bedeutet - biblisch und rabbinisch - Hören und Antworten. Sinnvolles Leben ist Antwort auf das Wort Gottes.

Im Schöpfungsbericht fehlt bei der Erschaffung der Menschen ein »Gott sah, daß es gut ist«. Das gab jüdischen Ethikern zu denken. Noch sind wir nicht gut. Aber wir können daran arbeiten, es zu werden. Die Schöpfung der Menschen ist unvollendet, sie ist nach vorne offen - für die Einzelnen wie für die Gruppen.

b Mann und Frau

Der biblische und rabbinische »Mensch« bedeutet: Mann und Frau. Ihr volles Leben ist die Ehegemeinschaft.

Von der Bibel her gibt es zwei mögliche Antworten betreffs der Ehe: der Schöpfungsbericht legt die Einehe nahe, die Vätergeschichten rechtfertigen mehrere Frauen. Die biblischen Bestimmungen beziehen sich auch auf letztere - etwa im Erbrecht, wo der Erstgeborene von einer weniger geliebten Frau nicht zugunsten des Sohnes der Lieblingsfrau benachteiligt werden darf (5 Mose 21,15-17). Aufgrund der biblischen Vorgaben und der entsprechenden Wirklichkeit in nahöstlichen Ländern bilden Fragen der legitimen Bigamie Teil des rabbinischen Familienrechts. Jedoch ist von keinem Talmudmeister bekannt, daß er mehrere

Frauen zugleich hatte. Im mitteleuropäischen Judentum wurde die ohnehin nicht vorhandene Bigamie seit dem 11.Jh. für unstatthaft erklärt.

Für den Umgang mit der Ehefrau sind als Teil des rabbinischen Rechts Rücksichtnahme und Zurückhaltung geboten. Wie schon in der Bibel hat die Frau unantastbare Rechte auf ihren Körper. Nur sie selbst kann bestimmen, wann ihr ein Sexualverkehr möglich ist. Die monatliche Regel und die darauffolgende Woche sind Pausenzeiten. Die Wiederaufnahme des Intimverkehrs wird durch eine symbolische Neugeburt eingeleitet, mittels der Läuterung im Tauchbad, der *Mikwe*, wie vor der Brautnacht. Dieser Bereich heißt Familienreinheit, *taharat ha-mischpacha*, und ist mit einem eigenen Lebensstil umgeben. Auch heute entdecken viele Ehepaare einen persönlichen Sinn in diesen Traditionen, selbst wenn sie nicht innerhalb der Orthodoxie aufgewachsen sind.

Zur Selbstbestimmung der Frau gehört die Vorschrift, ihre Zustimmung zur Ehe zu erfragen. Dabei handelte es sich in talmudischer Zeit um sehr junge Mädchen. Die biblische Grundlage ist 1 Mose 24,57-58. Das Recht bestimmt, daß ein Vater zuwarten muß, bis seine Tochter mündig ist - d.h. damals: zwölfjährig - und sagt, *ich möchte den So-und-So heiraten* (Babylon. Talmud, Kidduschin 41a). Traditionelle Ehen wurden und werden arrangiert. Nach dem jüdischen Eherecht ist die Frau nicht dem Mann »untertan«, sondern sie wirkt für ihn und er für sie *nach der Art jüdischer Männer, die ihren Frauen dienen und für sie sorgen* (Ketubba, Ehekontrakt).

Obwohl die Harmonie und Liebe der Partner ein hoch angesehener Eigenwert sind, bringen erst die Kinder das wirkliche Glück, wie in Psalm 128: die Frau als fruchtbarer Weinstock, die Kinder als Olivenschößlinge rings um den Tisch. Dennoch deuten die Rabbinen das erste biblische Gebot: *Seid fruchtbar und mehret euch* (1 Mose 1,22) als männliche Verpflichtung. Frauen durften bei Notwendigkeit bereits im Altertum Verhütungsmittel benutzen und ihr eigenes Leben oder psychisches Wohlbefinden in bestimmten Fällen durch Abtreibung schützen. So waren Frauen weder Brutmaschinen noch Sexualobjekte.

Weder in der Bibel noch in den rabbinischen Quellen werden Frauen passiv gesehen. Ganz im Gegenteil ist die Frau Königin der

Familie in einem kaum versteckten Matriarchat. So ist auch sie es, nach der sich die angeborene Religion der Kinder richtet. Viele rühmende und bewundernde Aussprüche betonen die Weisheit und Klugheit der Frauen, so etwa das Ruhmeslied am Ende des Buches der Sprüche. Sie haben Schutzfunktion für die Männer. Daher soll sich der Mann mit seiner Frau beraten. Zugleich werden auch die Schwächen von Frauen und Männern deutlich benannt.

Es ist daher unwissenschaftlich und irreführend, wenn einzelne Aussagen der Kritik als »Beweis« für die niedrige Stellung der Frauen zitiert werden - und das geschieht leider viel zu oft.

Ohne die hohe Würde der Frauen gäbe es schon längst kein Judentum mehr. Die gesamte religiöse Lebensführung in Haus und Familie beruhte stets auf den umfangreichen Kenntnissen der Frauen. Da das Judentum vor allem eine Religion in Haus und Familie ist, bedeutet das mehr als die Wahrung einiger Feiertage in anderen Religionen. Im übrigen sind Männer und Frauen gleichermaßen auf die biblischen Gebote verpflichtet (Babylon. Talmud, Baba Kama 15a). Jedoch sind Frauen von kultischen Vorschriften befreit, die an eine bestimmte Zeit gebunden sind, um sie nicht einer Doppelbelastung auszusetzen. So ist die Durchführung öffentlicher Gottesdienste für Männer eine Pflicht, für Frauen hängt die Beteiligung von der vorhandenen Freizeit ab (Mischna Kidduschin 1,7; Babylon. Talmud, Kidduschin 15a). Dazu kamen wohl auch umweltliche Bräuche, sowie die Furcht vor Gefährdungen durch andere Bevölkerungsgruppen.

Für den Umgang der Geschlechter galt die Regel, daß man auf Gespräche mit der eigenen und mit anderen Frauen nicht allzuviel Zeit verwenden sollte (Sprüche der Väter 1,5). Trotzdem berichten die Quellen von häufigen Gesprächen der Rabbinen mit Frauen, darunter vielen Römerinnen, mit denen sie über religiöse Fragen diskutierten. Ebenso wird festgestellt, daß Frauen klüger seien als Männer. Bei der Erschaffung der Frau heißt es, daß Gott sie *baute*, vom hebräischen Stamm: *bana, und dies lehrt uns, daß er ihr mehr Einsicht, bina, gab als dem Mann* (Babylon. Talmud, Nidda 45b). Ein Grundwort jüdischen Lebens ist das Gottesgebot an Abraham: *In allem, was Sara dir sagt, höre auf sie* (1 Mose 21,12).

Bei Mißlingen der Ehe war stets die Scheidung und neue Heirat möglich. Das Eherecht sorgt für die finanzielle Sicherung der Frau.

Das Bewußtsein, daß die Ehe kein Gefängnis auf Lebenszeit bedeutete, führte zu einer gelasseneren Haltung als dort, wo die Scheidung entweder unmöglich war - wie im Katholizismus - oder aber zu leicht, wie im Islam. Jedenfalls sind diese Bestimmungen Teil der Lehre von der menschlichen Würde und sollten möglichst in diesem Zusammenhang gesehen werden. - Wie jedes Rechtssystem hat auch das jüdische Eherecht mehrere Punkte, die aus heutiger Sicht bedenklich erscheinen. Aufs Ganze gesehen entspricht es jedoch dem sprichwörtlich guten und innigen jüdischen Familienleben.

In den nicht-orthodoxen Richtungen des Judentums wurden einige überholte Rechtsbräuche geändert. Dabei geht man davon aus, daß die jeweils bessere Ethik uns leitet.

5. Die Welt

Biblische und rabbinische Menschen erfahren die gesamte Welt als Schöpfung Gottes. Es ist niemandem angeboren, die Dinge so zu sehen. Vielmehr ist dies Teil der Persönlichkeitsbildung. Die Gefahr, alles außer den Menschen als seelenlos und bloßes Ding ohne Recht auf Rücksichtnahme zu sehen, ist ebenso groß wie die gegensätzliche Gefahr, den Geschöpfen eine Göttlichkeit beizumessen oder sie zu dämonisieren. So bleibt das Einprägen der gemeinsamen Geschöpflichkeit eine ständige Aufgabe der Glaubenslehrer Israels.

Religiösen Juden wird von klein auf eingeprägt, daß sie Rechenschaft schulden, denn Gott ist »der König der Welt«, »der Herr der Welt«. So beginnen die Segenssprüche und Bittgebete. Damit trat man eindeutig der Vergottung des Menschen entgegen. Es war zugleich eine Absage an die gnostische Lehre, daß der Schöpfergott böse sei, während der gute Gott nichts mit der Welt zu tun habe. Eine Tradition berichtet: Als Gott den Menschen erschuf, zeigte er ihm alle Bäume im Garten Eden und sprach: Siehe, wie schön und vollkommen meine Werke sind! Dies alles habe ich für dich geschaffen. Achte darauf, daß du meine Welt nicht verdirbst, denn was du zerstörst, kann keiner wiederherstellen! (Midrasch Prediger Rabba,7,12,1, zu Prediger 7,13).

Aus talmudischer Zeit stammt das »Lied der Schöpfung«, hebräisch: *Perek Schira*. Es legt Bibelverse in den Mund irdischer und kosmischer Geschöpfe. Jedes singt seinen Vers - Tiere und Pflanzen, Wüste und Garten Eden, Quellen und Flüsse, Wolken, Blitze und Wind. Nebeneinander stehen dem Menschen Nützliches, Nutzloses, Schädliches, rituell Reines und Unreines. Das Erhabene und das von Menschen Verachtete haben gleiches Recht in der Natur.

Viele Lebensregeln sorgen für den **Umweltschutz**. Dazu gehören Aufforstung, Verhindern vom freien Weiden der Schafe und Ziegen, Reinhalten der Gewässer, Tierschutz. Leider wird heute infolge der chemischen Überdüngung des Bodens viel gesündigt. Das ist ein Grund für die prophetische Kritik - auch heute. Denn das Judentum ist eine **Diesseitsreligion**: das Leben, die Welt, werden ernstgenommen. Daher gibt es so viele jüdische Beiträge zu Medizin und Naturwissenschaften.

6. Jenseits und Unsterblichkeit

Während der syrischen und römischen Judenverfolgungen vor 2000 Jahren wuchs zunehmend der Glaube an ein Leben nach dem Tode. Es war undenkbar, daß Tyrannen, Sadisten und Mitläufer sich der Verantwortung vor Gott entziehen könnten. Zugleich wurde der Auferstehungsglaube ein Kennzeichen des Judentums. Beides wurde später vom Christentum und Islam ebenfalls akzeptiert. Die vielen Ausschmückungen der Thematik sind jedoch im Judentum nicht glaubensverpflichtend. Wir unterscheiden zwischen Legende und Glaubenssatz. Hinzu kommen viele Elemente des Volksglaubens, die von einzelnen jüdischen Gruppen übernommen wurden. Im allgemeinen genügt es uns zu glauben, daß die ethische Persönlichkeit des Menschen unvergänglich ist.

Dabei verzichten die meisten darauf, Dinge auszudrücken, die sich der Erfahrung entziehen.

7. Die messianische Zeit

Die jüdische Zukunftshoffnung spricht von einer künftigen Zeit der menschlichen Gemeinsamkeiten auf dieser Erde. Anders als im Christentum ist der Messias ein irdischer, sterblicher König, nicht aber ein Teil der ewigen Gottheit. Die Erlösung von einer »Erbsünde« kennen wir nicht, weil Gott jedem Reumütigen vergibt. Wir betonen die »Erbtugend«.

Die Redeweisen vom Messias sind für viele gläubige Juden poetische Bildsprache: nicht ein König aus dem Hause David, sondern eine friedfertige Menschheit.

8. Das Land Israel

Obwohl Juden in vielen Ländern leben, haben sie eine besondere Beziehung zum Land Israel, dem Heiligen Land. Die Gründung des Staates Israel war eine Antwort auf den Genozid der Nazis und ihrer Helfer. Für den Glauben war das Land stets die Mitte jüdischer Existenz. Jerusalem war für niemanden außer für Juden die Hauptstadt eines Staates gewesen, wenn wir von den Kreuzrittern absehen. Vor 3000 Jahren machte König David Jerusalem zum Herzen des Judentums. Muslime beten auch heute **in** Jerusalem mit dem Rücken zur Omarmoschee in Richtung Mekka. Juden in aller Welt beten in Richtung Jerusalem.

Hätte es einige Jahre früher den Staat Israel gegeben, wäre nicht ein Drittel aller Juden ermordet worden. Daher sind wir darauf bedacht, als freie Bürger einer eigenen Demokratie zu leben. Das hat den Juden in aller Welt ein neues Selbstbewußtsein verliehen.

Wir wissen, daß viele Andersgläubige ebenfalls wollen, daß wir Juden nach all den Verfolgungen endlich unser Leben in einem eigenen Staat bestimmen. Von Afrika bis Japan, Christen und andere, sind mit uns solidarisch.

Zugleich halten wir an der Hoffnung fest, daß der Geist der Propheten uns allen hilft, Brücken des Friedens und der Gemeinschaft zu bauen: *Sie werden ihre Schwerter zu Pflugscharen machen und ihre Lanzen zu Rebmessern, und sie lernen nicht mehr den Krieg* (Jesaja 2,4). Dafür zu wirken, ist unsere Antwort auf die Sinnfrage.

Literaturhinweise

Ben-Chorin, Schalom: Jüdischer Glaube. Tübingen 1975

Blue, Lionel: Wie kommt ein Jude in den Himmel? München 1975

Fohrer, Georg: Glaube und Leben im Judentum. Heidelberg 1979

Hommel, Gisela: Erster Blick aufs Judentum. Ein Erfahrungsbericht. Wuppertal 1981 (= 2., erweiterte Auflage von: Der siebenarmige Leuchter. München 1976; erhältlich bei der Autorin, Herrenstr.A 100, D-8858 Neuburg/Donau)

Navè, Pnina: Du unser Vater. Jüdische Gebete für Christen. Freiburg 1975, [4]1984
= Navè Levinson, Pnina: Einführung in die rabbinische Theologie. Darmstadt 1982
Navè Levinson, Pnina: Was wurde aus Saras Töchtern? Frauen im Judentum. Gütersl h 1989
Navè Levinson, Pnina: Frauenfragen. Jüdische feministische Theologie. Gütersloh (in Vorbereitung)

Islam

Annemarie Schimmel

Unter allen Weltreligionen ist der Islam diejenige, mit der es sich die westliche Welt am schwersten gemacht hat. Wie konnte es möglich sein - so haben sich Generationen um Generationen seit 1400 Jahren gefragt -, daß nach dem Christentum noch eine Religion auftritt, die den Anspruch erhebt, die abschließende Offenbarung zu enthalten? Der Kampf gegen das Vordringen des Islam hat in weiten Teilen das europäische Mittelalter bestimmt, und viele Relikte des Unverständnisses oder Mißverständnisses sind auch heute noch vorhanden.

Aber was ist der Islam, soweit man das von außen, und für eine Gruppe Außenstehender, darlegen kann? Der Name bedeutet »Ergebung«, vollkommene Ergebung in den Willen Gottes, des Schöpfers, des Erhalters und des Richters am Gerichtstage. Es ist die Religion, in der das, was Schleiermacher als die »schlechthinnige Abhängigkeit« des Menschen bezeichnet hat, am deutlichsten ausgedrückt ist.

Doch wie hat sich diese Religion mit diesem ungeheuer starken Gottesglauben in Zeit und Raum entwickelt? Der Prophet des Islam, Mohammed, wurde um 570 in Mekka geboren. Er heiratete als junger Kaufmann seine ältere Dienstherrin, die ihm eine Reihe von Kindern gebar, von denen vier Mädchen überlebten. Im Alter von etwa 40 Jahren wurde der Sucher, der nach einer höheren Religion, als es das mekkanische Heidentum war, suchte, durch Offenbarungen in einer Höhle, *Hirā*, nahe Mekka begnadet, und nachdem er den ersten Schock überwunden hatte, begriff er, daß es nicht ein Geist, ein Dämon, eine böse Macht war, die zu ihm sprach, sondern daß der Gott, der sich einst Abraham und Moses und den anderen großen Propheten geoffenbart hatte, ihn berief, seinem Volke die Botschaft vom lebendigen Einen Gott zu bringen. Er begann zu predigen. Das, was er in seinen Offenbarungen erfuhr, wurde den Mekkanern mitgeteilt, die verständlicherweise den ganzen Offenbarungen sehr ungläubig lauschten. Die Gruppe seiner Anhänger war klein und wuchs nur langsam. Seine Frau ebenso wie sein Oheim hielten zu ihm. Und als nach neun Jahren der Predigt 619 beide starben, war er in einer gefährlichen Lage; doch er fuhr fort, seinen Offenbarungen zu gehorchen und das Wort Gottes zu verkünden, bis er im Jahre 622 in das nördlich gelegene Medina auswanderte. Das ist die berühmte *Hidschra*, die »Auswanderung«, und von diesem Datum an datiert der islamische Kalender, das reine Mondjahr von 354 Tagen.

In Medina gelang es Mohammed, die dortige Gemeinde, die unter sich zerstritten war, zusammenzuführen, und er schuf das, was man »die erste Stadtverwaltungsurkunde« genannt hat, eine Urkunde, in der festgelegt wurde, wie die Zugewanderten, wie die verschiedenen Stämme der Stadt, miteinander zu leben hatten. Kämpfe mit den Mekkanern - teils siegreich, wie die erste Schlacht bei Badr (624), oder auch weniger erfolgreich, wie im folgenden Jahr bei Uhud - folgten. Aber im Jahre 630 konnte Mohammed in seine Heimatstadt Mekka einziehen, triumphierend und als Sieger, der nun das alte Heiligtum von den Götzenbildern reinigte und in ihm wieder jenen reinen Tempel des Einen Gottes erkannte, den Abraham und sein Sohn Ismail einstmals erbaut hatten.

Zwei Jahre später, nach Vollzug einer letzten Wallfahrt nach Mekka, starb der Prophet in Medina und wurde dort beigesetzt. Sein Grab ist noch immer ein Zentrum islamischer Frömmigkeit.

Das, was er gebracht hatte, die Offenbarungen, wurde von seinen Anhängern im Gedächtnis bewahrt und auf das verschiedenste Material aufgeschrieben, und zur Zeit seines dritten Nachfolgers, des Kalifen Osman, der von 644 bis 656 regierte, in jene Form redigiert, in der heute die Offenbarung vorliegt, die Form, die wir als den geschriebenen und gedruckten Koran kennen, bestehend aus 114 Kapiteln (*sūra*), der Länge nach absteigend geordnet, beginnend mit einer kurzen Gebets-Sura, der *Fātiha*, der »Öffnenden«, und schließend mit dem Bekenntnis der absoluten Einheit Gottes und zwei kurzen Gebeten, die um Schutz bei Gott vor allen bösen Mächten flehen.

Das ist das Vermächtnis, das wir aus der Frühzeit des Islam haben: Der Koran und die Person Mohammeds, des Trägers der Offenbarung. Und es sind diese beiden Aspekte des Islam, die zu verstehen dem westlichen Menschen so schwer gefallen ist.

Zunächst einmal der Koran: *Qurʾān*, »Rezitation«, das ist das arabische Wort, und es zeigt, daß es nicht nur ein schriftliches Buch ist, sondern ein Buch, das rezitiert worden ist und werden soll. Eine große Schwierigkeit für den westlichen Leser oder den Leser, der nicht des Arabischen kundig ist, ist es, daß keine wirklich vorzügliche Übersetzung des Heiligen Buches in einer westlichen Sprache zu finden ist. Da nach islamischem Glauben der Koran Gottes unerschaffenes Wort ist, offenbart über den Engel Gabriel an Mohammed, ist es nach theologischer Auffassung unzulässig, dieses Wort in eine andere Sprache zu übersetzen, da ja keine andere Sprache den vollkommenen Reichtum der Offenbarung genau wiedergeben kann. Wenn man übersetzt, so hat man den arabischen Text mitzuschreiben oder -zudrucken. In alter Zeit wurden daher meist Interlinear-Übersetzungen in die verschiedenen islamischen Sprachen hergestellt. Der Koran ist aus diesem Grunde für einen nicht des Arabischen Kundigen schwer zugänglich; denn die Übersetzungen sind oftmals stumpf und glanzlos und lassen nichts von der großen sprachlichen Schönheit des Buches ahnen, das man am besten von einem Araber im klassischen Stil rezitieren hört, um sich zumindest eine Vorstellung von dem zu machen, wie es auf Muslime wirkt. Die einzige deutsche Übersetzung, die ein wenig den großartigen Stil des Originals nachzubilden verstanden hat, ist die unvollständige Übertragung von Friedrich Rückert, dem großen Dichter-Orientalisten des 19. Jahrhunderts. Sie wurde erst aus seinem Nachlaß herausgegeben und würde eine Neuausgabe dringend verdienen.

Der Koran enthält das, was der Muslim über Gott, über den Glauben, über das tägliche Leben, über Diesseits und Jenseits wissen soll. Gott wird in ihm sichtbar in seinen schönsten Namen, *al-asmāʾ al-husnā*: in immer neuen Bezeichnungen wird Seine Größe angedeutet. Er ist der Barmherzige und Allerbarmer, Er ist derjenige, der erhöht und erniedrigt, der leben läßt und sterben läßt, der Gewaltige und der Gütige und was dergleichen Attribute mehr sind, in denen seine unauslotbare Schöpfermacht gepriesen wird. Und wenn Sie sich die Namen der Muslime ansehen, so werden Sie finden, daß ein großer Teil von ihnen Namen trägt, die aus *ʿAbd* »der Sklave, der Diener«, und einem der schönsten Namen Gottes zusammengesetzt sind, *ʿAbdurrahmān* »der Diener des Allbarmherzigen«, *ʿAbdulkarīm* »der Diener des Gnädigen« und so fort und so fort. Dadurch ist der Mensch als der Diener seines Herrn, *Rabb*, gekennzeichnet.

Gott ist der Schöpfer, der die Welt aus dem Nichts geschaffen hat und dem es nicht schwerfällt, auch am Tage des Gerichtes die Menschen, die Tiere, was immer da war, aufs Neue zu erschaffen, genau wie aus der scheinbar toten Erde im Frühling wieder neues Gras, neues Getreide sprießt. Das ist eines der Wunder, mit denen der Koran immer wieder die Möglichkeit und Notwendigkeit der Auferstehung kennzeichnet.

Der Mensch muß sich diesem gewaltigen Gott gegenüber verantwortlich zeigen. Er muß die Pflichten, die ihm auferlegt sind, erfüllen, muß für die Armen, die Waisen, die Witwen sorgen, das Gebet verrichten, die Pilgerfahrt vollziehen und vieles mehr. Aber vor allem muß er diese Dinge nicht aus reiner Routine oder Pflichterfüllung tun, sondern mit vollkommener, reiner Hingabe an den Herrn, der alles geschaffen hat und alles regiert.

Der Koran enthält z.T., vor allen Dingen in den späteren Offenbarungen, genaue Regelungen bestimmter Handlungsweisen - Testamentsvollstreckung, Ehe usw. - . Er enthält auch zahlreiche Schilderungen der Paradiesesfreuden, die auf die Frommen warten, und der Höllenstrafen, die denen zukommen, die Böses getan haben. Denn, wie die 99. Sura sagt: *Wer auch nur ein Senfkörnchen übelgetan hat, der wird es sehen, und wer nur ein Atom Gutes getan hat, der wird es sehen*. Das spricht gegen den immer wieder gegen den Islam erhobenen Vorwurf des absoluten Fatalismus. Der Mensch ist in einem gewissen Rahmen für sein Tun verantwortlich, denn sonst wären ja Paradies und Hölle nicht notwendig.

Der Koran bietet dem Muslim alle Möglichkeiten zur Meditation, und er ist in der Tat die Quelle der islamischen Weltanschauung. Aus dem Koran hat sich nicht nur die Theologie entwickelt, sondern auch die Grammatik, denn Araber und später auch Nichtaraber wollten ja so weit wie möglich die Feinheiten des göttlichen Wortes erkennen. Es hat sich die Geschichtsschreibung entwickelt, denn man wollte die Geschichten der vorislamischen Propheten und der islamischen Dynastien kennenlernen. Geographie und die verschiedensten Naturwissenschaften sind aus der Meditation des Korans abgeleitet, der den Menschen immer wieder mahnt, die Zeichen Gottes »in den Horizonten«, d.h. in der geschaffenen Welt, und in sich selbst, in der eigenen Seele, zu sehen: *fī'l-āfāq wa fī anfusihim* (Sura 41/53) »in den Horizonten und in sich selbst«.

Und nicht zu vergessen: Der Koran hat vor allen Dingen die Mystiker mit einer Sprache beschenkt, die bis zum heutigen Tage die gesamte mystische Dichtung des Islam in allen Sprachen - ob es Arabisch, Persisch, Türkisch, Urdu, Suaheli oder was es sonst sei - durchwebt hat. Denn die Frommen der Frühzeit versenkten sich so tief in das Heilige Buch, daß sie erlebten, was ein französischer Orientalist, Père Nwyia SJ., so schön *la coranisation de la mémoire*, d.h. »die Koranisierung des Gedächtnisses« genannt hat. Und in der Tat ist es notwendig, den Koran genau zu kennen, um auch in profaner Literatur die zahlreichen Anspielungen auf koranische Begriffe und Ausdrücke überhaupt zu verstehen. Dies ist eine der großen Schwierigkeiten für den Nicht-Muslim, wenn er islamische Texte liest: daß so vieles die gründliche Kenntnis des Heiligen Buches voraussetzt.

Und noch mehr: Der Koran mußte in seiner ganzen Form genau bewahrt bleiben. Es genügte nicht, daß man ihn im Gedächtnis bewahrte, ein *Ḥāfiz* wurde; er mußte wieder und wieder geschrieben, kopiert werden mit der größtmöglichen Genauigkeit, aber nicht nur Genauigkeit, sondern auch mit der größtmöglichen Schönheit. Und es ist aus dieser Art der Meditation des Korans, die sich in der Kalligraphie niederschlägt, daß die islamischste aller Kunstformen, die Schriftkunst, entwickelt worden ist. Jeder von Ihnen, der einmal einen frühen Koran in der schweren kufischen Schrift gesehen hat oder die großartigen in Gold geschriebenen Werke des 14. und 15. Jahrhunderts, die modernen Korane, die von Künstlern unserer Tage geschrieben werden - jeder wird empfinden, daß hier in der arabischen Schrift eine der schönsten Schriftformen der Welt entstanden ist, weil es nämlich notwendig war, das Heilige Buch in einer möglichst vollkommenen äußeren Form zu bewahren. Daß sich dann daraus die Profan-Kalligraphie entwikkelte, ergibt sich von selbst.

Wenn wir vom Koran sprechen, dürfen wir eines nicht vergessen: Er ist, wie ich zu Anfang sagte, nach muslimischer theologischer Auffassung, das Wort Gottes, in dem Gott sich, wie der amerikanische Philosoph Harry Wolfson sagt, *inlibriert* hat. Wenn das Christentum den Logos in Jesus Christus inkarniert sieht, so sieht der Islam das Wort Gottes im Koran inlibriert. Das macht den großen Unterschied in der Haltung der beiden Religionen zu ihren Heiligen Büchern aus. Genau das Gleiche gilt für den Vergleich zwischen Jesus und Mohammed, den wir so oft finden: Jesus ist derjenige, für den sich im Christentum Gott inkarniert; Mohammed aber ist derjenige, der die Botschaft überbringt, er ist der Träger des Wortes. Und wie in der christlichen Theologie, um die Reinheit des Wortes zu bewahren, Maria Jungfrau sein und bleiben mußte, so ist in der islamischen Theologie, um die Reinheit des göttlichen Wortes im Koran zu bewahren, Mohammed der *Ummī*, der Analphabet, der des Lesens und Schreibens Unkundige, der nur das reine Gefäß war, durch das Gott zu seiner Menschheit gesprochen hat. Wir müssen diese Unterscheidung zwischen Buch und Stifter der Religion in den beiden letzten großen Weltreligionen immer im Auge behalten, um schiefen Urteilen auszuweichen.

Dies nun bringt uns zur Gestalt des Propheten, des Propheten, der im Laufe der Jahrhunderte in der Polemik immer wieder angegriffen worden ist, der in mittelalterlichen Werken als Verkörperung des Antichrist, als eine satanische Figur, erschienen ist und dem man Sinnlichkeit und politischen Ehrgeiz vorgeworfen hat – alles dies Gedanken, die durch die Jahrhunderte mehr oder weniger unterschwellig weitergewirkt haben, obgleich die jüngste Koran- und Mohammed-Forschung im Westen durchaus zu anderen Ergebnissen gekommen ist. Für den Muslim ist Mohammed der abschließende Prophet, der geliebte Freund Gottes, *Habīb Allāh*, der Gesandte, *Rasūl Allāh*: er ist der Bringer guter Nachrichten und der Künder schrecklicher Ereignisse, nämlich des Jüngsten Gerichtes, er ist eine leuchtende Lampe, und er ist das Siegel der Propheten. Alle diese Worte kommen in der 33. Sura des Koran vor. »Siegel der Propheten«, das bedeutet nach islamischer theologischer Auffassung, daß er der Letzte ist, nach dem keine prophetische Offenbarung mehr möglich ist. Kein Prophet, der ein neues Gesetz bringen würde, kann auftreten. Das nun erklärt die Aversion und die feindselige Haltung der islamischen Orthodoxie gegen neuere Bewegungen, wie die Bahā'ī's oder auch die Anathematisierung der Ahmediyya wegen der messianischen Behauptungen ihres Gründers.

Der Prophet ist aber nicht nur derjenige, der das letzte, abschließende Gesetz gebracht hat, er ist auch für den Muslim das große Modell in allen Dingen des Lebens. Ihm nachzufolgen, seine *Sunna*, seine »Gewohnheit«, nachzuahmen, so eng es irgend möglich war, war und ist Pflicht des Muslims. Das kann sich bis auf die kleinsten Kleinigkeiten, auf die äußerlichsten Dinge - Haartracht, Barttracht, Art des Anziehens, Art des Essens usw. - beziehen; es kann sich aber auch, und das ist immer wieder hervorgehoben worden, auf die Nachahmung seiner noblen Eigenschaften, seiner edlen Charakterzüge, beziehen.

Und wie Mohammed das Modell für die Gläubigen gewesen ist, so ist er auch derjenige, der für sie der Fürsprecher am Tage des Gerichtes ist. In vielen frühen Erzählungen wird darauf hingewiesen, daß am Tage des Gerichtes alle im furchtbaren Schrecken dieser Zeit ausrufen werden: *Nafsī! Nafsī! - Ich selbst! Ich selbst* [brauche Rettung!] Mohammed aber wird vortreten und wird sagen: *Ummatī, ummatī - meine Gemeinde, meine Gemeinde* [soll gerettet werden.] Im Vertrauen auf diese seine Fürsprache haben Hunderte und Tausende von Dichtern von Westafrika bis Indonesien ihre Lobgesänge auf den Propheten angestimmt.

Er ist für sie der vertraute Vater, die Vaterfigur sozusagen, zu dem man sich in den Nöten wendet, dem man vertraut, mit dem man sprechen kann bei aller Ehrfurcht, die man für ihn hegt. Und sein Name soll nicht genannt werden, ohne den wiederum in Sura 33 erwähnten Segensspruch über ihn auszusprechen. Denn sein Name hat eine besondere Heiligkeit: Viele Traditionen sagen, daß jeder männliche Muslim den Namen »Mohammed« oder zumindest einen seiner zahlreichen Namen tragen sollte, denn ein Haus, in dem ein **Mohammed** wohnt, wird von den Engeln besucht. Das hat wiederum in der islamischen Namengebung zu den großen Mengen von Mohammeds, Mehmeds, Mehameds usw. geführt, denn jeder von ihnen nimmt in gewisser Weise an dem Segen des Propheten teil.

Man muß diese außerordentliche Liebe der Muslime zu dem Propheten verstehen, um zu begreifen, wie kränkend es ist, wenn westliche Gelehrte oder Schriftsteller sich über ihn lustig machen oder ihn nicht mit der gehörigen Reverenz bezeichnen. Hier liegt eine der ganz großen Quellen des Mißverständnisses vor, das sich über viele Jahrhunderte erstreckt.

In späterer Zeit ist im mystischen Islam Mohammed geradezu zu einer mythischen Figur geworden. Sein Licht war das Erste, was Gott geschaffen hat, und die *haqīqa muhammadiyya*, der archetypische Mohammed, ist die erste Gestalt, die überhaupt in der Schöpfung erschien.

Aber bei aller Verehrung und aller Bewunderung für diesen mystischen und mythischen Mohammed, der ganz Licht ist und die Welt erleuchtet, ist der Islam doch immer bemüht gewesen, ihn als Geschöpf darzustellen. Er bleibt auch im höchsten Zustand der Entzückung und Verzückung Gottes Diener, *ʿAbd Allāh*. Er ist Sein **Geschöpf** und niemals, wie es den Christen immer wieder im Falle Christi vorgeworfen wird, der **Sohn** Gottes. Hier liegt wiederum eine deutliche Trennungslinie.

In den letzten 100 Jahren, in einer Zeit, da sich der Islam mit der westlichen Welt auseinandersetzen mußte, ist die Gestalt des Propheten wieder sehr viel stärker in den Mittelpunkt getreten, nicht so sehr in ihrer mystischen oder lichtvollen Form, sondern er erscheint als derjenige, der seinem Volk eine politische Gestalt gab, der soziale Normen geschaffen hat und der eine für moderne Zeiten gültige Gemeindeordnung geformt hat. Er wird in erster Linie das ethische, das politische, das soziale Ideal und ist nicht mehr so sehr derjenige, der einstmals die Himmelsreise unternahm oder derjenige, dessen Licht die Finsternis erhellt.

Es ist an der Gestalt des Propheten, daß sich die ersten religiös-politischen Bewegungen im Islam entzündet haben. Als er starb, am 8. Juni 632, wurde einer seiner ältesten Freunde, sein Schwiegervater Abū Bakr zu seinem Nachfolger (Kalifen) gewählt. Aber eine Gruppe getreuer Muslime hielt daran fest, daß nicht Abū Bakr das Recht auf die Nachfolge hatte, auch nicht die beiden folgenden Kalifen, sondern nur des Propheten Vetter und Schwiegersohn, der Gatte seiner jüngsten Tochter Fāṭima: das war ʿAlī ibn Abī Ṭālib, einer der ersten, die den Islam angenommen hatten und der sich durch seine Tapferkeit besonders ausgezeichnet hatte. Hier setzt jene Bewegung ein, die heute als die *Schīʿa* bezeichnet wird. *Schīʿa* bedeutet einfach »die Partei« von jemandem, die *Schīʿat ʿAlī* sind diejenigen, die ʿAlī das Recht zur Führung der Gemeinde zuschreiben.

Im Laufe der Zeit hat sich dann diese *Schīʿa* in viele verschiedene Zweige gespalten und hat immer darauf bestanden, daß ʿAlī der *walī Allāh*, »der Freund Gottes« ist, vertrautester Gefährte des Propheten, der auch den esoterischen Sinn der Offenbarungen verstanden und interpretiert hat. Durch ʿAlī und seine Familie, seine Söhne und Nachkommen geht die Linie der Imāme, der Leiter der Gemeinde, die von einer Gruppe bis zum 12. Imām geführt wird, von einer anderen bis zum siebten.

Das große und entscheidende Ereignis in der schiitischen Geschichte findet knapp 50 Jahre nach dem Tode des Propheten statt. Als sich sein jüngster Enkel, Husain, der Sohn ʿAlīs, gegen den omayyadischen Herrscher, den jungen Jazīd, erhebt, kommt es zur Schlacht, und am 10. Muharram, dem 10. Oktober des Jahres 680, wird der Enkel des Propheten mit den meisten seiner Getreuen von den Regierungstruppen in Kerbela im Irak getötet. Dieses Drama hat der schiitischen Frömmigkeit ihren besonderen Charakter gegeben. Sie alle kennen die Berichte von den Muharram-Prozessionen, in denen sich die Frommen in Iran und in den schiitischen irakischen und indischen Städten geißeln, in denen um Husain geklagt wird. Dramatische Spiele sind über sein Leiden geschrieben worden, und der Gedanke dieses Märtyrertodes hat die schiitische Weltanschauung zutiefst beeinflußt. Wenn man sich vor Augen hält, daß Weinen um Husain und der Märtyrertod im Kampf gegen eine ungerechte Regierung ein Zeichen der Frömmigkeit ist und ins Paradies führt, versteht man wohl besser, warum in Iran soviele junge Menschen in den Krieg gezogen sind: sie haben an diese Märtyrerrolle geglaubt und glauben noch daran. Das muß man sich vor Augen halten, wenn man die Lage in Iran richtig beurteilen will oder zumindest versucht, sie zu verstehen.

Unter den Schiiten gibt es noch eine Gruppe - ich erwähnte sie schon -, die am siebten Imām »stehenbleiben«. Das ist die Gruppe, die heute als *Ismailis* bezeichnet wird. Sie haben eine besonders esoterische Art der Interpretation des Glaubens; ihr jetziges Oberhaupt ist der Aga Khan. Diese Gruppe, die eine außerordentlich interessante Vergangenheit hat, spielt heute unter den modernen, fortschrittlichen Muslimen eine besondere Rolle.

Zur gleichen Zeit aber, da die *Schīʿa* sich entwickelte, konsolidierte sich die größere Gemeinschaft der Gläubigen, die wir heute als *Sunniten* bezeichnen. Der volle Name ist *ahl as-sunna waʾl-dschamāʿa*, »die Leute der Gewohnheit (des Propheten nämlich) und der Gemeinschaft«. Das sind diejenigen, die sich nicht darauf beschränken, die Führerschaft innerhalb der islamischen Gemeinde nur der Familie des Propheten zuzugestehen, sondern die viel mehr darauf Wert legen, daß seine Lehren, seine Tradition, weitergegeben werden, selbst wenn der Führer der Gemeinde, wie es eine extreme Bewegung formuliert, ein schwarzer Sklave wäre, denn der Frömmste der Gemeinde sollte der Führer der Gemeinde sein.

Die Sunniten fanden einen Mittelweg, daß nämlich der Kalif, der Nachfolger des Propheten, zu seiner Familie, den *Quraisch*, gehören und eine Reihe von notwendigen Eigenschaften haben sollte. Es war aber nicht nötig, daß er ein direkter Nachkomme des Propheten war. Und an diesem Punkt, wie ich schon sagte, scheiden sich die Sunniten und die Schiiten.

Alle diese Entwicklungen finden in den beiden ersten Jahrhunderten nach dem Tode des Propheten statt. Das ist auch die Zeit, da sich das islamische Recht entwickelt. Rechtsschulen, deren es vier gibt, die aus einer größeren Anzahl übriggeblieben sind, machten sich daran, die Andeutungen, die der Koran und die Traditionen des Propheten boten, auszuarbeiten und auf die immer wachsenden Bedürfnisse einer sich unerhört schnell ausdehnenden Bevölkerungsgruppe anzuwenden. Denn in kurzer Zeit - 80 Jahre nach dem Tode des Propheten - hatten die Muslime ihre Herrschaft von Spanien bis an den Indischen Ozean ausgedehnt. Das Jahr 711 sieht den Übergang arabischer Truppen über Gibraltar nach Andalusien - der Name Gibraltar erinnert noch an den Führer, der die Heere befehligte: es ist *Gabal Tāriq* »der Berg des Tariq«. Und im gleichen Jahr überschritten Muslime den Oxus und drangen nach Zentralasien ein, wo sie eine ganz eigene Kulturstruktur gründeten. Wiederum im gleichen Jahre erreichte eine kleine Schar arabischer Muslime Sindh, das untere Industal, das jetzige südliche Pakistan, und gelangte bis nach Multan, so daß etwa die Hälfte des heutigen Pakistan seit 711 unter muslimischer Herrschaft war. Das Reich dehnte sich also nach Ost, West und Nord aus. Die Muslime waren mit immer neuen Bevölkerungsgruppen verschiedener Rassen, verschiedener religiöser Erfahrungen konfrontiert, und es war notwendig, sowohl die Theologie als auch das Recht entsprechend auszuarbeiten.

So finden wir denn in den Jahren zwischen 700 und 1000 eine außerordentlich aktive geistige Arbeit sowohl auf juristischem als auch auf philosophischem, theologischem, grammatischem Gebiet. Es war die Hoch-Zeit der klassischen Gelehrsamkeit. Der Sitz des Kalifats in Baghdad schien ein Zentrum für alle Gelehrten aus den verschiedensten Weltgegenden zu sein. Und nicht nur Gelehrsamkeit, sondern auch Dichtung und Kunst blühten.

In Spanien hatten die Muslime bald ein blühendes Reich errichtet, von dem noch heute die große Moschee in Cordoba Zeugnis ablegt;

und in Indien gelang es ihnen, langsam aber sicher ihr Reich auszudehnen. Dazu kamen dann auch muslimische Kaufleute an der südlichen Westküste des Subkontinents, die dort kleine Kolonien bildeten. Zentralasien mit seiner türkischen Bevölkerung wurde ebenfalls bald zu einer Hochburg des Islam.

Für einen modernen Menschen ist es besonders wichtig, sich vor Augen zu halten, daß es die Juristen waren, die Leiter der großen Rechtsschulen, die dem Islam seine Formung gaben. Ich erwähnte, daß für sie die Grundsätze ihrer Auslegungen zunächst einmal der Koran und dann die von Mohammed herrührende Tradition waren. Denn alles, was der Prophet im Lauf seines Lebens gesagt und getan hatte, wurde von den Frommen aufgenommen, weitererzählt, berichtet, und für die verschiedensten Lebenslagen gab es sicherlich irgendeinen darauf anwendbaren Ausspruch des Propheten, oder eine Handlungsweise, nach der man sich richten konnte. Da es außerordentlich wichtig war, diese *Sunna* genau aufzuschreiben, da Mohammed - wie ich schon sagte - das Beispiel für jeden Muslim sein sollte, entwickelte sich bald eine besondere Wissenschaft, die *Hadīth*-Wissenschaft (*Hadīth* ist der »Bericht«, nämlich vom Propheten oder über den Propheten), und im Laufe der Jahrhunderte wurden die Überlieferungen, die verständlicherweise immer zunahmen, genau geprüft, und zwar nicht so sehr nach ihrem Inhalt, sondern nach der Kette der Überlieferer. Wenn man z.B. im Jahre 800 sagte: *Mein Vater hat mir erzählt, daß er von seinem Vater gehört hat, daß der und der sagte, ich habe von dem und dem gehört, daß* usw., bis man zum Propheten kam, so konnte man das nicht unbesehen hinnehmen, sondern es wurde genau geprüft, ob X auch Y gekannt haben konnte, ob er nicht zu jung war, nicht in einer anderen Stadt gelebt hatte und so weiter und so fort. Und die Erforschung dieser Genealogien brachte eine ganze Wissenschaftsgruppe, die *tabaqāt* und *ʿilm ar-ridschāl*, »die Wissenschaft von den Traditionariern«, den *muḥaddithūn*, hervor. Auf diese Art und Weise konnte man eine große Anzahl von angeblichen Prophetenworten ausscheiden. Und in der Mitte des 9. Jahrhunderts wurden dann diejenigen *Hadīthe*, die als echt (*sahīh* = »gesund«) erkannt und geprüft waren, in verschiedenen großen Kompendien zusammengestellt, unter denen die Kompendien des Buchāri und des Muslim, die je 5000-6000 *Hadīth* enthalten, als kanonisch angesehen wurden. Zu ihnen wie auch zu den vier anderen Sammlungen wandte man sich im Falle eines Zweifels.

Natürlich konnten auch die Worte des Propheten nicht alle juristischen Probleme lösen, die im Laufe der Jahrhunderte sich in der so verschiedenartigen Bevölkerung ausbreiteten. Dann konnte man sich auf *qiyās*, auf »Analogie«, stützen und entsprechend den Anschauungen einer Rechtsschule, der *Hanafiten*, auch auf die eigene Meinung. Aber das letzte Wort hatte immer der *idschmāʿ*, der »Konsensus« der Gelehrten einer Zeit. Wenn eine Neuerung in juristischer oder praktischer Weise nicht abgelehnt war, galt sie als angenommen. Auf diese Art und Weise konnte eine große Anzahl von gewohnheitsrechtlichen Fragen in das islamische Gesetz eingearbeitet werden. Wir dürfen uns aber nicht vorstellen, daß es Gesetzbücher, wie unser *Corpus Iuris*, gab; sondern die Berichte wurden zusammengefaßt und wurden immer wieder durch Kommentare, durch neue Fälle erweitert, so daß man im Laufe der Jahrhunderte eine große Anzahl von Rechtsfällen kennt, aus denen man oftmals interessante Schlüsse über die sozialen und politischen Probleme ziehen kann.

Der Islam beruht, wie man sagt, auf fünf Pfeilern:

Der erste: Das Glaubensbekenntnis *Es gibt keine Gottheit außer Gott. Mohammed ist der Gesandte Gottes*. Dieser erste Pfeiler ist gewissermaßen die Grundlage für die anderen, deren jeder die Formulierung der Absicht, *niya*, vorausgeht.

Der zweite ist *salāt*, das Gebet. Im Koran oft erwähnt als ein Weg des Menschen zu Gott, wurde es detailliert ausgearbeitet. Fünfmal täglich ist es zu vollziehen mit einer bestimmten, genau vorgeschriebenen Folge von Stehen, Niederknien, Sich-Niederwerfen sowie Gebetsformeln. Das Gebet kann, wie auch die Koranlektüre, nur im Zustand ritueller Reinheit vorgenommen werden. Der Vollzug dieser rituellen Reinigung ist genauestens geregelt.

Obgleich der Muslim das Gebet alleine und auf jedem reinen Stück Erde verrichten kann - deshalb sieht man häufig, daß jemand seinen kleinen Gebetsteppich mit sich hat, um an jeder Stelle, wo die Gebetszeit eintritt, sein Gebet verrichten zu können - obgleich dieses möglich und oft getan worden ist, hat sich doch aus dem göttlichen Befehl zum Gebet eine der schönsten architektonischen Formen des Islam entwickelt, nämlich die Moschee. Unser Wort *Moschee* ist abgeleitet von dem arabischen *masdschid*, »der Ort, wo man sich niederwirft«, und damit ist bereits der genaue

Sinn des Baus gegeben. Moscheen haben die verschiedensten Formen angenommen. Sie alle sind ausgerichtet nach dem Zentralheiligtum, der *Kaʿba* in Mekka. Sie können weite Höfe haben, und sie können überkuppelt sein; sie können reiche Säulenwälder darstellen oder einen einzigen großen Gebetsraum, wie die Moscheen in Istanbul - kurz: Jede Kultur, jede einzelne Völkerschaft, die in den Islam eintrat, hat ihren eigenen Beitrag zur Gestaltung der Moschee geleistet, die im Grunde nur durch den *Mihrāb*, die nach Mekka zeigende Nische, ausgezeichnet ist. Daneben findet sich in den größeren Moscheen der *Minbar*, der Predigtstuhl, von dem beim Freitags-Mittags-Gebet der Prediger eine kurze Ansprache hält. Das ist alles, was notwendig ist. Der Zierat: Große Leuchter, schöne Behälter oder Lesepulte für den Koran, Wandverkleidung in - je nach Zeit, Stil und Land - Fliesen, Marmor, Holz und hin und wieder (in letzter Zeit mehr und mehr) als Schmuck prächtige arabische Inschriften mit Versen aus dem Koran oder den Namen Gottes oder des Propheten. Das ist alles: Einfachheit und absolute Ruhe.

Die dritte Pflicht, die im Koran immer zusammen mit dem Gebet erwähnt wird, ist das *zakāt*. Das ist eine Armensteuer, die genau entsprechend dem Vermögen erhoben wird und an bestimmte Gruppen von Bedürftigen verteilt wird. Nicht nur islamische Modernisten, sondern auch moderne Orientalisten, wie z.B. Louis Massignon, der sein Leben der Erforschung der islamischen Mystik geweiht hat, haben behauptet, daß dieses *zakāt*, wenn es richtig angewendet sei, ein guter Schutz gegen sowohl Kapitalismus als auch Kommunismus sei.

Die vierte und vielleicht schwierigste Pflicht - zumindest erscheint es dem Außenstehenden so - ist das Fasten im Monat *Ramadān*. Wie ich sagte, ist das islamische Jahr ein reines Mondjahr, und der Monat beginnt, sobald die erste schmale Sichel des Neumondes von zwei zuverlässigen Zeugen gesehen ist. Daher kann sich der Monatsanfang auch einmal verschieben. Im Ramadān, dem Monat, zu dessen Ende die erste Offenbarung des Koran stattfand, ist es Pflicht zu fasten, d.h. vom ersten Schein der Dämmerung, wenn man einen weißen und einen schwarzen Faden unterscheiden kann, bis zur Vollendung des Sonnenuntergangs nicht zu trinken, zu essen, zu rauchen, keine Injektionen zu machen - kurz: alles zu vermeiden, was in den Körper eingeführt wird oder (wie im Falle von Parfum und Sex) dem Körper Freude machen könnte. Nach Sonnenuntergang ist dann Essen, Trinken und Fröhlichsein erlaubt. Daß die Erfüllung dieser Pflicht besonders in den nördlichen Ländern für unsere muslimischen Freunde in Deutschland, in Amerika, Skandinavien außerordentlich schwierig ist - besonders, wenn im Sommer die Tage lang sind und der Sonnenuntergang erst gegen zehn Uhr stattfindet -, muß besonders betont werden, und es ist, wie islamische Gelehrte schreiben, der Vorteil des Mondjahres, daß der Ramadān durch alle Jahreszeiten wandert, so daß er nicht immer in den Juni oder Juli fällt, sondern man auch einmal zur Abwechslung die kurzen Wintertage hat. Wenn man in islamischen Ländern gelebt hat, weiß man, daß der Ramadān, wenn die ganze Familie und alle Umstehenden fasten, trotz aller harten Verpflichtungen doch eine Zeit der großen Freude, des innigen Gebetes und der wirklichen Frömmigkeit ist - eine Erfahrung, die für Menschen, die alleine, vereinzelt in der Ferne leben, schwer nachzuempfinden ist.

Am Ende des Ramadān bringt dann das Fest des Fastenbrechens große Freude, und zweieinhalb Monate später, im *Dhu'l-hidschdscha*, dem letzten Mondmonat, folgt die Pilgerfahrt nach Mekka, der letzte der »fünf Pfeiler«. Die Pilgerfahrt zu dem Zentralheiligtum in Mekka, die in all ihren Details geregelt ist, sollte von jedem Muslim einmal im Leben vorgenommen werden, wenn er oder sie die genügenden Geldmittel besitzt und sich nicht in Schulden zu stürzen braucht. Die Erfahrung der Pilgerfahrt ist für viele Hunderttausende und vielleicht Millionen, die heutzutage dank den modernen Verkehrsmitteln in Mekka zusammenströmen, etwas Einmaliges, wie mir meine Freunde immer wieder versichert haben. Aber es ist auch nicht nur die Erfahrung, daß man einmal im siebenfachen Umkreisen um die Kaʿba gewandelt ist und alle Riten erfüllt hat; der Besuch in Mekka, wo viele Fromme in früheren Jahrhunderten Wochen oder Monate verweilten, hat auch oftmals dazu gedient, die Gläubigen davon zu überzeugen, daß sie nun den echten Islam gefunden haben, und es ist typisch für die Geschichte des Islam, daß praktisch alle großen Reformbewegungen in den Randgebieten - sei es Marokko oder Nigeria, Indien oder Malaysia - eingeleitet worden sind durch Männer, die für eine Weile in Mekka gelebt hatten und sich dann gedrungen und berufen fühlten, den »reinen Islam« anstelle des mit so vielen lokalen Aberglauben und Unsitten vermischten Islam ihrer eigenen Heimat wieder einzuführen. Das ist ein Verhaltensmodell, das durch die ganze islamische Geschichte vom Mittelalter bis ins 20. Jahrhundert zu bemerken ist.

Dies sind die fünf Pflichten, und die Juristen und theologischen Gelehrten haben sie in der verschiedensten Weise bis ins feinste Detail ausgearbeitet, so daß der Muslim genau weiß, was in jedem Moment zu tun ist.

Wenn ich aber gesagt habe, **der** Muslim, so sollte ich auch sagen, **die** Muslimin; denn die Pflichten, die der Koran für die Gläubigen vorschreibt, gelten für Mann und Frau in gleicher Weise. Es wird oft gesprochen von *muʾminūn wa muʾmināt, muslimūn wa muslimāt*, »gläubigen und muslimischen Männern und Frauen«. Und das zu betonen, scheint mir doch sehr wichtig.

Die Juristen verloren sich oftmals in Haarspaltereien, in exoterische Auslegungen islamischer Gesetze so sehr, daß sie hin und wieder den tieferen Sinn der Gebote vergaßen und nur noch dem Buchstaben dienten. Es war eine Reaktion auf solche Buchstabengelehrsamkeit und Haarspalterei, wie sie ja theologischen Juristen in allen Religionen eigen zu sein scheint, daß sich die Mystiker erhoben. Die islamische Mystik, der *Sufismus*, abgeleitet von dem Wort *ṣūf*, »Wolle« (das ist das einfache Asketengewand) war ursprünglich eine asketische Bewegung. Sie entstand gerade zu der Zeit, als die arabischen Heere von Spanien bis zur Indusmündung erfolgreich waren und als die Muslime bis dahin ungeahnten Reichtum, ungeahnte Macht besaßen. Es war eine Reaktion derer, die fürchteten, daß man im Zuge der verschiedenen Erfolge das eigentliche Wort Gottes vergaß, daß man nicht mehr an die Drohungen des Gerichtes und nicht mehr an seine armen Mitmenschen dachte. Manche Asketen des frühen 8. Jahrhunderts sind als »die Weinenden« bekannt, weil sie so viel über ihre Sünden weinten. Sie versenkten sich Tag und Nacht in den Koran, vollführten nicht nur die vorgeschriebenen Gebete, das vorgeschriebene Fasten, sondern vervielfachten ihre Pflichten - alles aus Furcht vor der Hölle oder auch in Hoffnung aufs Paradies. Dieser düstere Asketismus wurde geändert, wurde verwandelt in eine Religion der Gottesliebe durch eine Frau. Es war Rābiʿa, eine freigelassene Sklavin aus Basra im Irak, die zum ersten Mal, wie es scheint - soweit unsere Quellen uns das sagen -, den Gedanken der reinen Gottesliebe entwickelte. Sie war bekannt für ihre kleinen, frommen Gedichtchen, und die berühmteste Geschichte, die immer wieder erzählt worden ist und ihren Nachklang auch in der europäischen Literatur - im französischen Quietismus wie in der modernen deutschen Kurzgeschichtenliteratur - gefunden hat, ist die, daß man sie eines Tages in Basra sah mit einer Fackel in der einen Hand, mit einem Eimer Wasser in der anderen, und als sie gefragt wurde, was sie vorhabe, sagte sie: *Ich will Feuer ans Paradies legen und Wasser in die Hölle gießen, damit diese beiden Schleier verschwinden und niemand mehr Gott aus Höllenfurcht oder Paradieseshoffnung anbete, sondern nur um Seiner unendlichen Schönheit willen.* Das ist eine der Schlüsselgeschichten für den Beginn des Sufismus. Und daß es eine Frau war, die dem Sufismus diese besondere Note gegeben hat, ist sicherlich erwähnenswert. Noch heute kann eine fromme Frau, die sich besonders auszeichnet, als eine *zweite Rābiʿa* bezeichnet werden.

In den folgenden Jahrzehnten, in der Zeit zwischen 800 und 900, entwickelte sich dann die islamische Mystik in verschiedenen Ländern, im östlichen Iran ebenso wie in Ägypten, und die Mystiker begannen - wie alle Mystiker es getan haben -, ihren Pfad zu gliedern in Stufen und Stationen. Sie begannen, zu ihrem geliebten Gott in Gedichten und in wunderbar klingenden Gebeten zu sprechen, und es waren die Mystiker, durch die die überaus reiche arabische Sprache noch eine neue Nuance dazugewann. Eine solche Rolle wie bei der Formung der arabischen Sprache ist etwas, das wir auch in den anderen islamischen Sprachen finden: Es waren mystische Sänger, die die größten Gedichte in persischer Sprache geschrieben haben. Die gewaltigen Epen Sanāʾis, ʿAttārs und vor allen Dingen Maūlana Dschelāladdīn Rūmis seien hier als Beispiele genannt, ebenso wie die unzähligen liebestrunkenen persischen *Ghaselen*, die Liebesgedichte, in denen immer wieder neue Beschreibungen des unbeschreiblich schönen göttlichen Geliebten gegeben werden. Im Türkischen war es ein Volkssänger, Yunus Emre, der die türkische Sprache biegsam und musikalisch für seine mystischen Lieder benutzte und ihr damit einen Weg als literarische Sprache ebnete. Das Gleiche gilt für die Sprachen des indischen Subkontinents, wo es immer wieder die Sufis waren, die die Volkssprachen benutzten, weil sie nicht annehmen konnten, daß ihre einfachen Hörer das theologische Arabisch oder das literarische Persisch beherrschten. Sie hatten in Urdu oder in Hindi, in Sindhi oder in Pandschabi, in Paschto oder in Bengali zu sprechen, damit sie ihren Hörern sagen konnten, was Gottesliebe war, was Liebe zum Propheten, was Liebe zum Mitmenschen. Es ist eben aus diesen mystischen Gedichten, daß sich fast alle indo-muslimischen Sprachen in wahrhaft literarische Sprachen entwickelt haben. Dieser Beitrag der Sufis zur Entwicklung der verschiedenen Sprachen kann nicht hoch genug eingeschätzt werden.

Doch, wie ich sagte: zum ersten Mal sehen wir diesen Einfluß im Arabischen, wo um 900 bereits glühende Gedichte geschrieben wurden, wo aber auch bereits Spannungen zwischen den Orthodoxen und jenen sichtbar wurden, die sich hin und wieder der Musik und dem Tanz hingaben, die von Liebe sprachen und nicht nur von Gehorsam; Spannungen, die dann in der Hinrichtung des Märtyrers der Liebe, Husain ibn Mansur al-Halladsch, im Jahr 922 in Baghdad gipfelten.

Wir können hier nicht eine Geschichte der islamischen Mystik geben. Vielleicht kann man sie am besten charakterisieren als den immer wiederholten Versuch jedes einzelnen Mystikers, das Zentraldogma des Islam, daß es nur einen einzigen Gott gibt und nichts neben Ihm, in ihrer eigenen Lebensweise, in ihrer eigenen Erfahrung durchleben zu wollen, daß sie in diesem Gott entwerden und sich entselbsten wollten, daß sie nur Ihn als den einzig Realen anerkannten.

Dieser Gedanke der absoluten Einheit Gottes hat dann zur Formung großer Systeme geführt, die man zum Teil geradezu als im klassischen Sinne »theosophisch« bezeichnen kann. Er hat aber auch eine Fülle unendlich schöner Poesie in allen islamischen Ländern ins Leben gerufen.

Der Sufismus hat jedoch noch etwas anderes getan. Im 12. Jahrhundert beginnen sich aus kleinen Konventikeln, die sich um einen Meister scharten, wirkliche Bruderschaften zu bilden, Bruderschaften, in denen nicht nur die eigentlichen Schüler, die *Murīde*, des Meisters angesprochen werden, sondern um die sich auch große Gruppen von Laienmitgliedern sammeln, die eine emotionale Bindung an den Ordensführer haben. Und es sind diese Bruderschaften, die die Islamisierung in den Randgebieten der islamischen Welt weitgehend betrieben haben. Wir wissen von Indien, daß es die Führer des Tschischti-Ordens waren, der am Ende des 12. Jahrhunderts nach Indien kam, durch deren Vorbild zahlreiche

Hindus vom Islam angezogen wurden; denn hier erfuhren sie eine »kastenlose, klassenlose« Gesellschaft, in der alle gleich und nur der Frömmigkeit nach unterschieden waren. Das Gleiche weiß man von West-Afrika und von Ost-Afrika. Sir Thomas Arnold, der britische Orientalist, der um die Jahrhundertwende in Lahore wirkte, hat in seinem Buch »The Preaching of Islam« diese Rolle der Sufis besonders herausgehoben, und die neueren Forschungen haben noch viel zusätzliches Material gebracht. Die Orden konnten sich den verschiedensten Formen vorislamischer Frömmigkeit anpassen. Wir haben Orden, in denen die Musik eine große Rolle spielt; wir haben andere, in denen es schweigende Meditation gibt. Jeder Orden hat seine Eigenheiten und hat entsprechend Menschen aus den verschiedenen sozialen Schichten, aus den verschiedenen Rassen - denn der Islam gehört ja allen Rassen ohne Unterschied an - angezogen. Bis zum heutigen Tage ist die Aktivität zumindest einiger Orden nicht nur in den eigentlichen islamischen Zentralgebieten, sondern auch im Westen außerordentlich stark. Man kann sagen, daß sie von Jahr zu Jahr zunimmt, und viele Europäer und Amerikaner sind auf dem Weg über die Orden in den Islam und die islamische Geistigkeit eingeführt worden.

Alle diese Ereignisse, diese Formationen, haben sich im Laufe der ersten sechs Jahrhunderte des Islam entwickelt. Das 13. Jahrhundert ist dann die Zeit, da die klassische Form des Islam äußerlich zusammenzubrechen scheint. Die Mongolen, aus Zentral-Asien hervorstürmend, überzogen seit 1220 die gesamte östliche islamische Welt. 1258 wurde das Kalifat in Baghdad vernichtet, und damit scheint für die meisten Islamwissenschaftler die große Zeit des Islam vorüber zu sein. Das ist jedoch ein Irrtum. Die verschiedenen Staaten kristallisierten sich, formten andere Beziehungen zueinander und waren dabei, ihre eigenen kulturellen Eigenheiten weiterzuentwickeln. Die eigentliche Wende scheint mir um 1500 zu liegen. 1492 nimmt das islamische Königreich der *Nasriden* in Granada sein Ende; der Islam wird aus der iberischen Halbinsel vertrieben. Bald nach 1492, dem Jahr der Entdeckung Amerikas, kommt es auch zur Entdeckung des Seewegs um das Kap der Guten Hoffnung, wodurch zahlreiche Handelswege, die durch den Nahen Osten führten, abgeschnitten wurden oder verödeten. Gleichzeitig breitet sich im Mittelmeergebiet, in Anatolien, die Osmanische Macht aus; das Reich der Türken, immer Vorkämpfer des Islam, dehnt sich aus, und 1517 besetzen sie Ägypten und die heiligen Städte Mekka und Medina, die bis zum Ende des Ersten Weltkrieges osmanisches Gebiet bleiben. Fast zur gleichen Zeit kommt es in Indien, das eine Reihe von islamischen Königreichen kannte, zur Bildung eines der großartigsten Reiche, des Mogul-Reiches, das zunächst Nordwest-Indien und dann den größeren Teil des Subkontinents einnimmt, ein Reich, dessen Glanz und Ruhm den Westen mit größter Bewunderung erfüllte. Zwischen den beiden Blöcken, die beide - im Hauptteil zumindest - sunnitisch waren, schob sich 1501 der schiitische Staat Iran. Denn 1501 wurde die *Schīʿa* zur Staatsreligion Irans gemacht, was sie bis heute geblieben ist. Damit war die islamische Welt praktisch in drei Machtfelder geteilt: Das osmanische, das bis zum Mittelmeer reicht und Teile davon umfaßt; das indo-muslimische im Osten, das sich in gewisser Weise auch bis nach Zentral-Asien fortsetzt, und dazwischen der schiitische Block Iran. Das ist die politische Lage, die um 1500 einsetzt.

Es wäre unklug, wenn man nicht sähe, daß in diesen drei Reichen auf theologischem, auf wissenschaftlichem, auf literarischem Gebiet noch enorm viel geleistet worden ist. Es ist lange üblich gewesen, nach 1258 nur noch von einer Dekadenz, von einem Absterben des Islam, zu sprechen. Wenn man die Werke der Mogul-Künstler betrachtet, ihre Bücher liest, oder die Moscheen des osmanischen Reiches sieht, dann wird man diese Behauptung nicht akzeptieren können.

Die wirkliche Krise des Islam beginnt mit der Begegnung mit dem Westen, der technisch und militärisch so weit überlegen war. So ist die Zeit vom 18. Jahrhundert bis zum Ersten Weltkrieg eine Zeit, in der die Muslime immer neue Versuche unternehmen, mit dem Problem einer neuen Gegnerschaft fertigzuwerden, mit dem Problem von Völkern, die sich ihres Gebietes bemächtigen - sei es Frankreich, England, oder Holland - und die technisch so überlegen sind. Wenn man die Literatur der islamischen Völker aus dem 19. Jahrhundert liest (in Indien vor allen Dingen aus der zweiten Hälfte des 19. Jahrhunderts), so findet man immer wieder den Aufschrei, die Frage an Gott: *Warum hast Du die Muslime verlassen? Warum sind die Europäer uns so überlegen und haben alles, was man braucht - und wir werden immer nur auf das Jenseits vertröstet?* Diese Frage und der Versuch ihrer Antwort hat die muslimische Polemik und Apologetik in den letzten hundert Jahren sehr stark geprägt, und es hat so viele Antworten gegeben, wie es Theologen und Denker gegeben hat. Man kann verstehen – und das ist wiederum ein Problem, das, glaube ich, im Westen nicht immer klar genug gesehen wird –, daß man angesichts dieser überwältigenden, glitzernden Modernität versucht, an den alten Werten, wie sie vom Propheten überkommen waren, so eng wie möglich festzuhalten, weil darin wirklich die Hilfe und die Möglichkeit eines gesunden Überlebens zu liegen scheint. Das, was wir »Fundamentalismus« nennen, hat seinen Grund sehr stark in dem Gefühl, daß man einen sicheren Boden, eine sichere Stätte haben möchte, wo man diesen neuen Entwicklungen ruhig und ungefährdet entgegensehen kann.

Auf der anderen Seite hat es Dichter und Denker gegeben, die die Muslime daran erinnert haben, daß der Islam ja eine dynamische Religion ist. Ich möchte hier vor allen Dingen einen Mann nennen, der in der gesamten islamischen Welt vielleicht der feurigste Prediger der dynamischen Entwicklung war. Das ist Muhammad Iqbal, der indo-muslimische Dichter, Philosoph und Politiker, der geistige Vater Pakistans. Gebildet nicht nur in England, sondern auch in Deutschland, Verehrer Goethes, dessen »Westöstlichen Divan« er mit seinem eigenen »Divan«, *Payām-i Maschriq*, beantwortet hat (die erste und einzige Antwort auf Goethes »Divan« aus der gesamten islamischen Welt), ein Mann, der gefunden hat, daß der Islam auch durch die Muslime selbst viel gelitten hatte. Er schließt sich den großen Reformatoren des 18. Jahrhunderts in Indien an, die die »Wunderverkäufer« (nämlich Mystiker, die nur auf die Dummheit ihrer Hörer spekulieren) und die engherzigen, engstirnigen Theologen kritisieren und die verlangen, daß man den Koran so lesen solle, als ob man ihn selbst als Offenbarung empfinge. Denn, so sagt Iqbal, die »Welt des Korans« ist unendlich. Wenn der Koran Gottes unerschaffenes Wort ist, muß er so unendlich sein wie Gott, und er wird Antworten für alle und jede Frage haben. Der Mensch, der sich einem blinden Fatalismus hingegeben hat, ist nämlich nur schwach und träge. Auch die mittelalterlichen islamischen Theologen haben von dieser Schwäche des Menschen gesprochen, der – wenn er sündigt oder etwas verkehrt macht – sagt: Es war eben *maktūb*, *es war geschrieben*, es war mein Schicksal, ich konnte nichts tun. Fatalismus ist eine Ausrede für die Schwachen und Faulen – so sagt Iqbal im Einklang mit vielen der großen mittelalterlichen Denker und Dichter. Und er ruft den

Menschen auf, seine eigene Kraft wiederzuerkennen und in ständigem Zwiegespräch mit Gott zu lernen, wie er den göttlichen Befehl auf Erden manifestieren kann. Nach Stunden der *khalwa*, der »Zurückgezogenheit«, kommt die *dschilwa*, die »Offenbarung«, in der der Mensch das in der Welt verwirklicht, was er im Gebet, in der Versenkung als den Willen Gottes erfahren hat. Iqbal's Werk, in englischer philosophischer Prosa, in persischer und Urdu-Poesie geschrieben, ist vielleicht in unserer Zeit die faszinierendste Botschaft eines modern erzogenen Muslims, der voll und ganz in der Tradition seiner Religion und seiner Kultur steht und es verstanden hat, die europäische Philosophie und Psychologie in einer Weise zu interpretieren, daß sie akzeptabel und sinnvoll auch für den Muslim ist. Sein Werk öffnet uns immer neue Perspektiven.

Und es scheint mir, daß wir mit Iqbal einen guten Abschlußpunkt für unsere wenigen Bemerkungen über den Islam gefunden haben. Denn er ist der Sprecher einer Auffassung des Islam, die auch – wie ich glaube – für den Europäer, der nichts von islamischer Kultur weiß, verständlich ist, einer Interpretation, die ihn zu immer neuem Verständnis der Offenbarung und der Geschichte führt.

Wenn wir zurückblicken auf das, was wir gesagt haben – und es konnten ja nicht mehr als ein paar Stichworte sein –, so glaube ich, daß wir als das Zentrum des Islam jenen ungeheuren Glauben an den Einen Gott erkennen können, aus dem alle anderen Manifestationen dieser Religion, sei es Theologie, sei es Politik, sei es Literatur oder Kunst, entstanden sind. Das Gefühl, daß der Mensch in jedem Moment seines Handelns diesem Einen Gott, Schöpfer, Erhalter und Richter verantwortlich ist – das ist es, was den Muslim ausmacht. Diesem Einen Gott soll er sich ganz und gar ergeben. Hat nicht schon Goethe im »West-Östlichen Divan« gesagt:

Wenn Islam Ergebung in Gottes Willen heißt,
in Islam leben und sterben wir alle.

Literaturhinweise

Watt, William Montgomery u.a. (Hg.): Islam (3 Bde). Stuttgart 1980ff.
Schimmel, Annemarie: Der Islam. Stuttgart 1990

Schimmel, Annemarie: Mystische Dimensionen des Islam. Köln 1985
Schimmel, Annemarie: Muhammad Iqbal - Prophetischer Poet und Philosoph. München 1989

Die Stammesreligionen Afrikas

Theo Sundermeier

Vorbemerkungen

Wer sich den Stammesreligionen Afrikas zuwendet, erfährt Fremdes. Die Fremdheit darf nicht überspielt werden. Zugleich gilt, wir begegnen in ihnen etwas uns durchaus Bekanntem. Das ist darin begründet, daß wir in den Stammesreligionen so etwas wie eine Basisreligiosität aller Religionen vor uns haben. Das gilt für Afrika in gleicher Weise wie für Asien.

Als ich vor Jahren in einer Publikation mich zur Symbolbildung afrikanischer Religionen geäußert hatte, bekam ich von einem französischen Kollegen aus Paris einen Brief, der mir schrieb, mein Aufsatz habe ihm die These seines Vaters - eines bekannten Ethnologen - bestätigt, der ihm verschiedene Male gesagt habe: *Wenn du Melanesien verstehen willst, dann geh nach Afrika!* Meine eigene Erfahrung bestätigt das. Als ich kürzlich auf Sumatra/Indonesien einige Vorträge über die Religionen Afrikas hielt, kamen von den Hörern fast gleichlautende Reaktionen: *Wir hatten Sie gebeten, über Afrika zu sprechen. Warum haben Sie nur von uns gesprochen?*

Was ich im folgenden Ihnen darstelle, gilt also strukturell auch für die Stammesreligionen anderer Kontinente, so unterschiedlich im einzelnen auch die Ausdrucksprägungen der Grundstruktur der Religionen sind.

Eine zweite Vorbemerkung ist nötig. In der Religionsgeschichte ist lange Zeit das Denkmodell vorherrschend gewesen, die Religionen entwickelten sich aus einem Primitivzustand zur reichen Form der sog. »Hochreligionen«, von denen - je nach Anschauung und Glaubensüberzeugung - dann die eigene Religion als die höchste Stufe angesehen wird. Das Muster der Entwicklung in den Religionen wurde dabei analog der Entwicklung der Menschheit vom primitiven zum hochzivilisierten Menschen gesehen. Das, was man dann noch von »primitiven« Vorstellungen in den »Hochreligionen« findet, gilt als »survivals«, wie Tylor sie nannte, »Überreste«, die im Laufe der Zeit aussterben werden und denen keine Bedeutung beigemessen werden muß.

Dieses Entwicklungsmodell halte ich für falsch. Die Weltreligionen - die man lieber nicht »Hochreligionen« nennen sollte - leben vielmehr von den Erfahrungen der Menschen der Frühzeit und haben diese wesentlich inkorporiert. Rituelles Leben, symbolische Erfassung der Weltwirklichkeit, Bewältigung von Leid und seine religiöse Grundierung, alles das macht noch heute die großen Religionen lebendig. Ohne sie würden sie blutleer und intellektualistisch, ihre großen Feste ohne Dynamik sein. An den Feiern unseres Weihnachts- und Osterfestes, ihrer Integration von vorgegebenen religiösen Elementen und der christlichen Neuinterpretation und Neusetzung könnte man das gut aufzeigen. Das kann hier nicht geleistet werden, der Hinweis soll nur auf das Problemfeld »Nähe« und »Ferne« der afrikanischen Religionen aufmerksam machen.

Stammesreligionen

Ich gebrauche im folgenden den Begriff »Stammesreligionen«. Ich übernehme ihn darum, weil er mir am wertneutralsten zu sein scheint. Zugleich macht er auf einige Grundelemente aufmerksam, die zur »Sache« der Religionen selbst gehören. Die muß ich kurz nennen.

1. Diese Religionen sind in Kleingesellschaften zuhause. Sie haben keine Weltgeltung. Ihr Lebens- und Wirkkreis ist überschaubar. Sie sind nur in bestimmten Grenzen gültig. Innerhalb dieser Grenzen besitzt das Land eine fast mythische Qualität.

2. Die Stammesgesellschaften sind auch nach ihrer Bevölkerungszahl im großen und ganzen überschaubar. Es herrscht eine enge Verbindung der Menschen untereinander. Sie sind miteinander verwandt, wenn nicht biologisch, dann doch sozial. Man führt die Herkunft auf ein gemeinsames (Ur-)Elternpaar zurück, das meistens durch das Königshaus oder den Häuptling repräsentiert wird.

3. Alle sprechen die gleiche Sprache, zumindest miteinander verwandte Sprachen. In der einen Sprache drückt sich eine allen gemeinsame Kultur aus. Die Stammesgesellschaft kann sich keine große Variabilität im sozialen und kulturellen Bereich erlauben. Das Überleben wird durch Einheit garantiert. Vielfalt wäre gefährlich.

4. Weil es nur eine Kultur gibt, kann es auch nur eine Religion geben, die gleichsam der Kitt der Gesellschaft ist. In diese Religion wird man hineingeboren, man kann sie sich nicht wählen. Man kann auch nicht aus ihr heraustreten, ohne aus der Gesellschaft sich zu lösen. *Per definitionem* sind darum die Stammesreligionen, anders als die Weltreligionen, unmissionarisch. Sie wollen sich nicht als solche ausdehnen, da sie an Land, Sprache, Ahnen und das enge soziale Netz der vorgesehenen Gemeinschaft gebunden sind.

Leben

Weil Religion und Kultur so eng miteinander verflochten sind und den gleichen Ursprung haben - das eine Elternpaar - haben sie auch ein gemeinsames Ziel, das mit dem Begriff »Leben« umschrieben werden kann. *Leben ist die große Sache*, so schrieb vor Jahren der Altafrikanist Dietrich Westermann, *die zählt*. Das Leben zu erhalten, ist das wirkliche Ziel allen religiösen Tuns. Was charakterisiert den religiösen Lebensbegriff Afrikas?

1. Das Leben ist **eines**. Es wird vom Vater auf den Sohn vererbt (oder in matrilinearen Gesellschaften von der Mutter auf das Kind). Es geht aber zurück auf die Vorfahren und kommt letztendlich von Gott. Jeder weiß, daß er in dieser Lebenskette steht und ist verpflichtet, diese Kette zu stärken und zu vermehren. Er darf sie nicht unterbrechen. Kinderlosigkeit ist darum etwas Schreckliches, und Ehelosigkeit (etwa die eines katholischen Priesters) gilt als unnatürlich.

Das Leben ist nicht individuelles Leben, sondern das eine Leben ist in allen, es ist das Leben einer Gruppe, an der alle in gleicher, wenn auch in unterschiedlich starker Weise partizipieren. Jeder weiß, daß er sein Leben anderen verdankt. Er nimmt am Leben der ganzen Gemeinschaft teil. Darum kann er sich nicht als »Individualität« verstehen. Man spricht darum gelegentlich von einer »corporate personality«.

Jedes Leben verdankt sich dem Leben der Eltern und immer zugleich auch dem der Großeltern, etc. Das wird gelegentlich symbolisch so ausgedrückt: Wenn ein Kind gezeugt wird, dann müssen drei Dinge zusammenkommen, die Kraft des Mannes, die der Frau und der Segen der Ahnen, wie schließlich auch der Segen Gottes, denn Gott fügt - so z.B. die Vorstellung einiger Gruppen in Ghana - ein Stückchen von seinem Lebensodem hinzu, so daß ein Kind entstehen kann.

2. Das Leben ist durch Wiederholung gekennzeichnet. Wenn bei uns der Tod Endlichkeit aussagt, dann bekommt er in der Religion eine beherrschende Stellung. Leben wird dann - in der Sprache Heideggers - Sein zum Tode. Auch in Afrika weiß man um die Begrenztheit des Lebens. Man fürchtet dort den Tod ebensosehr wie bei uns. Doch nicht der Tod als solcher wird gefürchtet, sondern der unzeitgemäße Tod. Ich habe alte Männer in Afrika getroffen, die ganz einfach auf den Tod warteten, ruhig und gelassen: *Ich habe Kinder. Sie sind gesund. Ich habe Enkel auf meinem Schoß großgezogen. So ist mein Leben erfüllt.* So wartet man auf den guten Tod. Der unzeitgemäße, plötzliche Tod ist schlimm, schrecklich jedoch der eines kinderlosen Menschen. Er hat sein Leben verfehlt. Starb bei den Sotho-Stämmen in Südafrika ein junger Mann, ehe er Kinder gezeugt hatte, so wurde er mit einer rabiaten Symbolhandlung beerdigt: Ein glühender Holzscheid wurde ihm in den Anus gestoßen! Eine inversive Symbolhandlung: Du hast die Glut des Lebens nicht angefacht, darum stoßen wir dich mit eben dieser Glut in die Erde.

»Wiederholung« des Lebens heißt in Afrika nicht Reinkarnation wie im asiatischen Raum, sondern meint Kontinuität des Lebens und Gleichförmigkeit. In Westafrika gibt es die Tradition, daß die Großmutter ihren Enkel mit »Großvater« anredet. Damit will sie andeuten, daß sie im Enkel ihren verstorbenen Mann wiedererkennt. Sie kann das Kind selbst »Er ist wiedergekommen« nennen. Damit drückt sie den Respekt vor dem Leben aus, das weitergeht und immer etwas von der Kraft und Wirklichkeit der Vorfahren transportiert. Der Großvater lebt im Enkel weiter!

3. Das Leben ist durch Interdependenz gekennzeichnet. Leben ist nicht isoliertes Leben. Der Mensch ist tief verwoben in das Netz der Kräfte der Welt. Die Interdependenz des Lebens bedeutet für die Familie: Was mir passiert, berührt auch die anderen Glieder der Familie. Wo ein Glied leidet, leiden die anderen mit. Wo einer in Not ist, müssen die anderen helfend einspringen. Diese Vorstellung wirkt sich bis in die Alltagssprache aus. Wenn mich meine Studenten in Oshindonga begrüßten, konnte ich aus der Antwort der Begrüßungsworte heraushören, ob irgendjemand in der Fami-

lie krank war oder nicht. Auf die Frage *Wie geht es dir?* kann man nicht sagen: *Mir geht es gut*, wenn irgendeine Tante oder eine Cousine auch nur etwas krank ist. Dann wird man versteckt antworten: *Mir geht es ein wenig gut*. Im tradionellen Ovamboland müßte dann der Erstfrager so lange weiterfragen, bis er die kranke Person herausgefunden hat. Das wird unter dem Druck der modernen Zeit nicht mehr getan. Die Antwort *Mir geht es ein bißchen gut* läßt aber noch etwas von dem alten Lebensverständnis durchschimmern.

Die Interdependenz geht über das Leben der Familie und der Mitmenschen hinaus. Sie reicht in die Welt der Tiere, das Leben des Feldes, die Kraft des Wassers tief hinein. Tabugesetze, Meidungsvorschriften, Jagdriten u.a. finden in dieser Vorstellung ihre plausible Begründung.

Wenn das Leben als interdependent begriffen wird, muß dem Afrikaner das abendländische, individualistische Persönlichkeitsideal zutiefst fremd sein. Das »Ich bin« abendländischer Philosophie muß in Afrika anders ausgedrückt werden als bei uns. In bewußter Antithese zu Descartes' *Cogito, ergo sum* wurde gelegentlich formuliert *Participo - ergo sum! Ich nehme teil, darin erkenne und weiß ich, daß es mich überhaupt gibt*.

4. Das Leben ist auf Steigerung angelegt. Das Leben darf nicht abnehmen. Wenn das Leben durch eine Krankheit geschwächt wird, wird das vielfach gleich als »Sterben« bezeichnet. Das hat nichts mit einer wehleidigen Larmoyance zu tun, wie das in der Kolonialgeschichte oft interpretiert wurde, sondern drückt die tiefe Sorge aus, daß das Leben sich in sein Gegenteil verkehrt. Statt daß es wächst, nimmt es ab. Es beginnt, sein Ziel zu verfehlen.

Das Leben muß vermehrt werden, heißt praktisch: Man muß so viele Kinder haben wie möglich. Das ist religiöser Auftrag und für junge Ehepaare in unserer Zeit heute oft ein schmerzlicher sozialer Erwartungsdruck.

5. Das Leben ist ambivalent. Es ist nicht eindeutig. Es gibt gute und böse Kräfte. Die Ambivalenz muß in die Eindeutigkeit überführt werden. Das geschieht durch das Wort. Das Lied begleitet die Arbeit und steigert die guten Kräfte. Das Wort, das Preislied, der Spruch, das Gebet tragen dazu bei, daß das Böse im Leben überwunden, das Gute aber gestärkt wird. Das gute Wort hat Kraft und

stärkt die Fruchtbarkeit. *Es geht durch das Ohr der Frau*, sagen die Dogon in Mali. Es dringt vor bis zu der Stelle, wo die Frau ihr Kind bekommt und macht sie fruchtbar. Darum muß der Mann beim Sexualakt gute, schöne, freundliche Worte sagen. Es muß auch Frieden im Dorf herrschen. Das böse Wort, das Gezetere dagegen macht die Frau unfruchtbar. Zuviel der bösen Worte lassen die Frau schlecht riechen. So kräftig ist das Wort. Es wirkt sich bis in die Körperlichkeit aus. Es verändert die Ambivalenz des Lebens in die Eindeutigkeit.

Symbole

Jede Religion ist ein in sich ruhendes Ganzes. Alle Einzelheiten und Ausprägungen der Religion sind aufeinander bezogen, gehören zueinander. Sie widersprechen sich letztlich nicht, jedoch wird die innere Logik und Plausibilität erst erkennbar, wenn man den hermeneutischen Schlüssel zum Zentrum gefunden hat, der das Ganze zusammenhält und erschließt.

Das gilt auch für die afrikanischen Religionen. Mögen sie von außen auch fremd, unlogisch und *crude* erscheinen, wurden sie in der Vergangenheit auch in der ethnologischen Literatur als solche dargestellt, sie sind für den Europäer in ihrer Logik erkennbar, wenn man sich nur auf sie einläßt. Die Symbolbildung bietet uns den Schlüssel zum Verständnis. Ich selbst habe lange gebraucht, diesen Schlüssel zu finden. Ursprung, Quelle und Maßstab aller Symbolbildung Afrikas ist der Mensch. Das nimmt letztlich nicht wunder, wenn wir den Lebensbegriff ernst nehmen. Dennoch erstaunt es immer wieder, wie bis in alle Verästelungen der Symbolbildung hinein der Mensch als Bezugspunkt sichtbar wird.

Um diesen Bezug zu erkennen, müssen wir jedoch dem Formalprinzip der Symbolbildung nachgehen, und das ist die Analogie. Ich will hier nicht alle Formgesetze der Analogiebildung aufzählen. Einige mögen exemplarisch genannt werden. Das Hauptgesetz ist auch uns (aus der Homöopathie) bekannt: Was ähnlich ist, steht in Beziehung zueinander. Wir können Ähnlichkeit nur genetisch/biologisch erklären. In Afrika weist Ähnlichkeit jedoch auf ein Kräfteparallelogramm hin. Was einander ähnlich ist, hilft einander, kann sich gegenseitig beeinflussen, darf heilend aufeinander einwirken. (*Similia similibus curentur*, heißt es in der Homöopathie).

Ein zweites Gesetz der Analogie lautet: Was miteinander in Kontakt war, beeinflußt sich. Hier aktiviert sich die Grundvorstellung der Partizipation, von der wir vorhin sprachen. Es ist aufgrund dieses Gesetzes wichtig, womit man sich umgibt, was man anzieht, wie man das Haus baut und mit welchen Pflanzen, Tieren und Menschen man in Berührung kommt. Kleider können nach diesem Gesetz nicht nur Leute machen, sondern auch krank und gesund!

Die Inversion ist ein weiteres Gesetz der Analogiebildung. Was man erreichen will, tut man gleichsam »subversiv«, indem man das Gegenteil symbolisch darstellt. Wenn man mit dem Tod zu tun hat, wird das Leben inversiv dargestellt, damit der Tod überwunden wird. Bei den Trauerriten herrscht die Inversion deshalb besonders deutlich vor.

In dem Auffinden natürlicher Medizinen bündeln sich die Analogiegesetze. Darum ein Beispiel für viele. Ein Afrikaner kam zu einem meiner Kollegen in Südafrika und warnte ihn, die zweistämmigen Papaya nicht in seinem Garten stehen zu lassen, sie würden seine Frau unfruchtbar machen. Warum? Auf beiden Stämmen trägt der Baum eine Frucht. Auf dem weiblichen große, kräftige Früchte, die an die Brust einer Frau erinnern. Der männliche Stamm trägt dagegen äußerst mickrige Früchte. Der Baum hat fünfgliedrige Blätter, die an die Hand eines Menschen erinnern. Wenn man den Stengel durchbricht, kommt eine weiße Flüssigkeit heraus. Auch dies eine Erinnerung an den Menschen und seine Fruchtbarkeit. Grund für die Warnung des Afrikaners war dieser: Die beiden Stämme waren in seinen Augen zu nahe nebeneinander gepflanzt und neutralisierten sich dadurch. Sie müssen in geziemendem Abstand zueinander stehen, wenn sie gedeihen sollen. Da sie zugleich im Garten des Menschen stehen, haben sie auch auf dessen Fruchtbarkeit eine Auswirkung. Das Verhältnis der Mitwelt und das der Menschen zueinander bedingen sich.

Wir brauchen das Beispiel nicht zu erweitern. Mich faszinierte daran die innere Logik. Nachdem ich die Gesetze gefunden hatte, versuchte ich die Gegenprobe. Ich unterhielt mich längere Zeit mit einem früheren Heiler und Medizinmann. Ich nannte ihm einige Krankheiten und die Medizinen, mit denen ich sie zu heilen versuchen würde. Anfangs schwieg er. Schon glaubte ich, ganz auf falscher Fährte zu sein, als es plötzlich aus ihm herausbrach: *Wie kann das nur möglich sein! Da sitze ich mit einem Europäer zusam-*

men, und er erzählt mir die geheimsten Medizinen, die nur ich kenne und die ich noch nie jemandem mitgeteilt habe. Woher wissen Sie die?

Sie können sich denken, meine Damen und Herren, daß es zu den besonderen Augenblicken eines jeden Forschers gehört, so direkt eine Bestätigung seiner Forschungen zu bekommen. Noch lange habe ich mich mit dem Medizinmann unterhalten. Wir tauschten nun gleichsam unsere »Medizinkenntnisse« aus. Natürlich konnte ich ihm nicht die Gesetzmäßigkeiten erklären. Die waren mein »approach«, mein Mittel zur Erkenntnis. Ihm waren sie intuitiv geläufig. Die explizite, logische Deduktion war ihm fremd und unwichtig.

Vielleicht ist es aufschlußreich hinzuzufügen, daß ich die Gesetze der Analogiebildung im ganz anderen Zusammenhang der Formgesetze der Traumbildung wiederfand, wie sie S. Freud herausgearbeitet hat. Ich glaube nicht, daß diese Parallelität zufällig ist. Vielmehr weist sie auf weitere Zusammenhänge und Gemeinsamkeiten menschlicher Seelenvorgänge und Weisen der Weltbewältigung hin.

Wie stark der Mensch Zentrum der Symbolbildung ist, dafür noch ein weiteres Beispiel aus Mali. Bei den Dogon wird nicht nur das einzelne Gehöft nach dem Grundmuster eines liegenden Mannes gestaltet, sondern auch in der Dorfanlage ist der menschliche Körper architektonischer Bauplan. Die Schmiede bildet zusammen mit dem Männerhaus den Kopf, die Familienhäuser sind die Brust, die Frauenhäuser, in die sich die Frauen zur Zeit der Menstruation zurückziehen, stehen rechts und links vom Dorf und repräsentieren den rechten und linken Arm. (Die Frauen sind überall in Afrika das arbeitende Geschlecht!) Der kegelförmige Dorfaltar steht für das männliche, der durchbohrte Mühlstein für das weibliche Geschlecht. Der Dorfaltar kann jedoch auch außerhalb der großen Umzäunung stehen, ohne daß dadurch das Prinzip verletzt wird. Die Füße werden durch andere Altäre repräsentiert und stehen immer im Süden.

Gewiß bilden die Dogon in Mali mit ihrer stringenten Symbolik eine Ausnahme unter den Völkern Afrikas, dennoch läßt sich eine ähnliche symbolische Interpretation des Hauses und Dorfes auch bei anderen Stämmen finden. Bei den Pygmäen im Kongo heißt

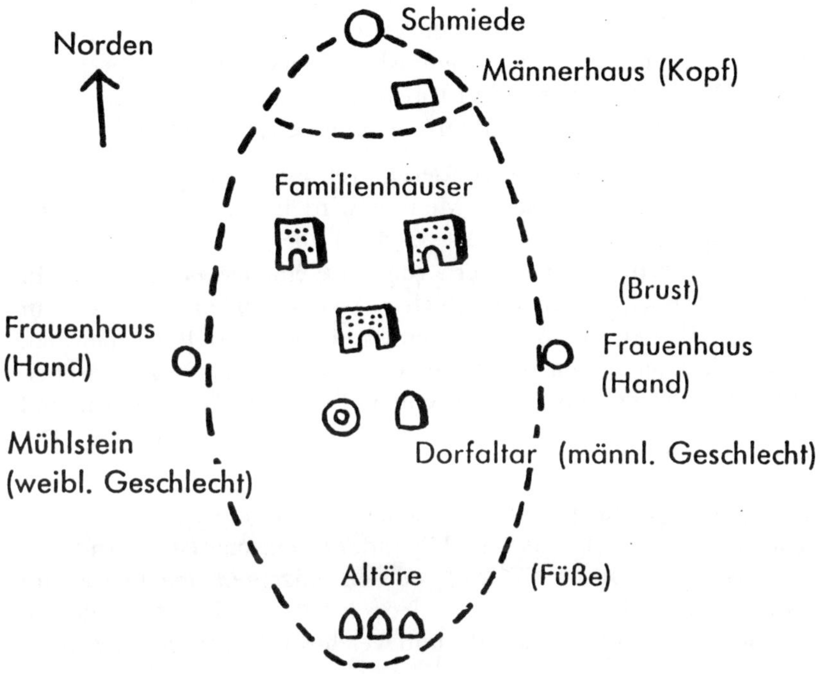

Grundriß eines Dogon-Dorfes

die Hütte »der Bauch«. Zugleich heißt auch der Wald und Urwald »der Bauch«. Beides repräsentiert Fruchtbarkeit, beides steht für die Fruchtbarkeit der Frau. In der Hütte soll das Kind geboren werden und darf sie in den ersten Tagen nicht verlassen. Wie die Hütte Bild des Mutterleibes und des Schutzes ist, so gewinnt man Nahrung und damit Leben aus dem Wald. Die Benennung »Bauch« sagt die gemeinsame Bedeutung aus, die Wald und Hütte für den Menschen haben.

Riten

Die Religion ist in allem, was wir bisher über afrikanischen Alltag und symbolische Weltbewältigung gesagt haben, präsent. Nicht als das Außergewöhnliche, sondern als das Selbstverständliche ist sie dabei. Oftmals merkt man nicht, daß auch jene Dimension mitbedacht wird und co-wirksam ist, die wir mit dem Begriff Religion bezeichnen. In den afrikanischen Sprachen fehlt dieser Begriff wie in den germanischen und vielen asiatischen. Religion ist der normale »Weg« des Lebens, sie ist nicht *privatissimum* des einzelnen und beschreibt nicht eine innere seelische Gestimmtheit.

Dennoch ist sie auch im besonderen greifbar und für alle sichtbar, in den Riten. Der einzelne Mensch wird in den Krisenpunkten seines Lebens, bei der Geburt, in der Pubertät, bei der Hochzeit und beim Sterben oder Trauern von der Gemeinschaft nicht allein gelassen. Er wird nach festgelegtem Wissen begleitet, das sich in Riten verdichtet und sich darin eine religiöse Gestalt gegeben hat. Zwei Zyklen ergänzen sich dabei, der Lebenszyklus des Menschen und der Jahreszyklus, der Regen- und Trockenzeit, Aussaat und Erntezeit markiert (bzw. die Sonnenwende in der nördlichen Hemisphäre).

Riten sind die Haftpunkte der Religion, in ihnen wird sie öffentlich. Hier ist sie gemeinschaftsbildend, gemeinschaftsfördernd und -stabilisierend. Durch sie trägt sie den einzelnen, macht sie ihre Kraft sichtbar. In ihnen sagt sie jedoch auch, welche Anforderungen sie an den Menschen stellt und welches Ethos sie repräsentiert.

Es ist gewiß nicht zufällig, daß die Religion auch im säkularisierten Abendland bei Riten des Jahres- und Lebenskreises ihre Kraft bewahrt hat und noch immer ihre Spur in der Öffentlichkeit hinterläßt. Das Weihnachtsfest ist hierfür das sprechende Beispiel, aber auch die Bedeutung der Beerdigungsfeiern und neuerdings wieder die Feier der Taufe, ja selbst die der Hochzeit.

Die Riten werden in Afrika so gestaltet, daß die Ahnen auf irgendeine Weise in das Geschehen einbezogen werden. Das ist notwendigerweise so, denn die Ahnen sind als Geber des Lebens auch verpflichtet, das Leben der Nachgeborenen zu schützen und zu pflegen. Ein Recht zu strafen haben sie nur, wenn man sich gegen sie und ihre Lebensformen vergangen oder das Gedenken an sie vernachlässigt hat.

Gewiß können auch Geister in das rituelle Geschehen einbezogen werden, wohl auch die Götter, soweit sich ihre Verehrung ausgebreitet hat, wie vor allem in Westafrika. Gott aber steht außerhalb des kultischen Geschehens.

Wie haben wir uns den rituellen Verkehr, aber auch den persönlichen, mit den Ahnen vorzustellen? Ich gebe Ihnen ein Gespräch wieder, das einer meiner Kollegen im Zululand, in Südafrika niederschrieb. Ein Mann war von Krankheiten geplagt, auch die Ernte auf seinen Feldern ließ zu wünschen übrig. Er hatte verschiedene Medizinmänner befragt, warum ihn dieses Unglück treffe, ohne eine befriedigende Antwort zu erhalten. Schließlich setzte er sich vor seine Hütte in die Nähe des Rinderkraals. Er ging zu einer Kuh, die in besonderer Weise den Ahnen geweiht war, und legte seine Hand auf ihren Rücken. Er hatte etwas Asche mitgebracht und rieb die Kuh damit ein. Die Kuh leckte die Asche aus seiner Hand, was ihn glücklich machte, da dies ein gutes Omen war. Und nun wörtlich:

Ich war glücklich. Als ich die Asche über den Schulterblättern einrieb, legte ich die andere Hand auf ihren Rücken. Sie stand ganz still und ließ sich alles gefallen. Dann sprach ich einige Worte. Ich sprach das, was ich mir überlegt hatte, als ich im Kraal saß. Und ich sprach mit sanfter Stimme zu den Ahnen: 'O, ihr Väter, was macht mich so unruhig? Erst die Träume, die ich nicht verstehen kann. Dann die Krankheit. Gestern mußte ich den ganzen Tag erbrechen, alles kam heraus, unaufhörlich, selbst die Galle. Das war gestern. Und heute ist es der Kopf, die Schmerzen sind überall im Kopf. Und dann: ich bin so arm. Ach, hier im Hause bin ich so arm. Ich kann nicht weiter zum Wahrsager gehen, ich habe kein Geld. Väter meines Vaters, seid nicht zornig, wenn ich keinen großen Ochsen mitbringe! Ich habe nichts als diese Kuh, die ich euch schon früher gegeben habe und weiß, diese Kuh ist das Tor zu euch. Ja, das ist der Grund, warum ich hier stehe. Ich spreche freundlich mit euch von den Feldern, die so wenig Ertrag bringen. Ich spreche freundlich, daß ich erfahren kann, warum ich krank bin.' Dann sprach ich ruhig mit ihnen weiter, ich bat sie noch einmal um Vergebung, daß ich mit leeren Händen gekommen war und verabschiedete mich. Während der ganzen Zeit stand ich neben der Kuh und sprach sehr freundlich. Auch die Kuh stand ganz still und tat nichts. Als ich meine Worte beendet hatte, stand ich noch immer still am gleichen Platz. Ich wußte, die Ahnen hatten meine Worte gehört, weil die Kuh so still war und sie sich nicht bewegt hatte.

Der Text ist ein eindrückliches Beispiel spontaner Frömmigkeit. Zugleich aber müssen wir die rituelle Eingebundenheit beachten. Das Gebet findet ja nicht im »Kämmerlein« statt, unhörbar und privat, sondern öffentlich und an einem Ort, da man der Präsenz der Ahnen gewiß sein kann. Der Kälberkraal ist das Zentrum der Dorfanlage, dort wurden traditionellerweise auch die Menschen begraben. Der Ort des Gespräches ist kultisch ebenso vorgegeben wie die Weise des Gespräches. Die Asche stammt von dem Feuerplatz im Haus, der in engster Beziehung zum Ahnenplatz am hinteren Ende der Hütte liegt. Asche hat nach afrikanischer Symbolik eine reinigende Funktion. Sie ist weiß wie die Farbe des Wassers, weiß wie die Ahnen, weiß wie die Muttermilch und das Semen des Mannes. Sie erinnert somit an Fruchtbarkeit und die Ahnen.

Die vorgegebenen kultischen, rituellen Formen sind Hilfen zum Gebet, das damit nicht seines persönlichen Charakters entkleidet ist, sondern eine Objektivität bekommt, die den Rahmen des Privaten übersteigt und legitime Öffentlichkeit herstellt. Schließlich soll auch die Hilfe »öffentlich«, d.h. für alle sichtbar sein. Das der afrikanischen Religion eigene Drängen auf soziale Partizipation findet im Ritus seinen angemessenen Ausdruck. Der Ritus stiftet die Gemeinschaft und trägt den einzelnen in ihr.

Gott

Und Gott? Warum kommt er im Ritus nicht vor? Warum wird er in Afrika - aufs ganze gesehen - unkultisch verehrt, ja, so wenig verehrt, daß frühere Forscher glaubten, manche afrikanischen Stämme kennten keine Gottesverehrung und hätten keinen Gottesbegriff. Nichts ist verkehrter als das. Alle afrikanischen Sprachen haben einen Namen und Begriff von Gott, alle kennen das Gebet, um Gott anzurufen. Gott wird jedoch nicht mit Alltagsdingen »belästigt«. Denn Gott ist zu groß, als daß man sich mit kleinen Dingen an ihn wenden könnte. Dafür gibt es die Ahnen oder die Geister und vor allem die Gottheiten, die unter ihm stehen.

Damit ist Gott aber nicht überflüssig. Es gehört zum Gesamtbild, daß es ihn gibt, denn ohne ihn würde die Religion, das Welt- und Menschenbild zerbrechen. Gott ist gleichsam die Klammer, die alles zusammenhält. Er ist die Grenze des nicht mehr Hinterfragbaren. Über ihn hinaus gibt es keine Erfahrung mehr. Die ganze Vielfalt der Erfahrungen des Lebens, das Ausgesetztsein den tausendfachen Gefahren der Welt hat in Gott sein Zuhause gefunden und seine Grenze. Gott steht für diese Grenze des nicht mehr Faßbaren. Er steht für das, was sonst nicht mehr einholbar und rituell verhandelbar ist. In diesem Sinne ist Gott die allerletzte Zuflucht, sowohl im unverhofften großen Glück, das einen »gefährlich« überwältigt, wie im nicht mehr erklärbaren, großen Unglück.

Dafür ein Beispiel, noch einmal aus dem Zululand. Wie überall in Afrika sind auch dort die Trauerzeremonien besonders reich. Wenn jemand vom Blitzschlag auf dem Feld getroffen wird, dann wird er ohne Zeremonien, formlos eben auf der Stelle begraben, wo ihn der Blitz traf. Das geschieht besonders gern, wenn die Erde dort feucht ist, also den Ärger und die Trauer sowohl der Hinterbliebenen, wie Gottes »kühlen« kann.

Manchmal begräbt man den vom Blitz Erschlagenen so, daß noch ein Finger aus der Erde herausschaut zum Zeichen, daß Umveeinqani, der Große, daß Gott selbst ihn genommen hat. Dann kann man nicht trauern und klagen und fragen, wer den Tod verursacht hat. Hier gibt es nichts mehr zu tun, als schweigend den Tod zu akzeptieren. Gott selbst hat den Verstorbenen geholt. Der Mensch muß sich beugen.

Gott kann man nicht in die rituellen Abläufe des Lebens einbeziehen. Er transzendiert sie, er transzendiert letztlich auch die Stammesreligion.

Ethik

Die Stammesreligionen kennen eine ebenso ausgeprägte Ethik wie die Weltreligionen. Das zu leugnen war gewiß eines der großen Mißverständnisse kolonialethnologischer Forschungen. Aus solchen Negativurteilen sprach der Hochmut des Abendlandes und nicht objektiver Forschergeist.

Die Ethik mag im Einzelfall sehr anders aussehen als die abendländische. Ob sie darum »niedriger« oder »primitiver« ist, sollte nicht vorschnell beurteilt werden.

Ich will die »Differenz« zu unserer Ethik an einem selbsterlebten Beispiel verdeutlichen. Ich hatte Studenten unseres College (Umpumulo/Natal) in unser Haus zu einer kleinen Feier eingeladen. Da mehrere Gruppen afrikanischer Studenten nacheinander ins Haus kamen, schlug ich der einen Gruppe vor, »Malefiz« zu spielen, so daß ich mich der nächsten Gruppe widmen konnte. In diesem Spiel geht es darum, daß jeder der vier Spieler versucht, sogenannte Barrieren den gegnerischen Figuren vor die Füße zu stellen oder sie aus dem Spiel zu werfen, um dann die eigenen ins Ziel zu bringen. Hat ein Spieler eine Spielfigur ins Ziel gebracht, hat er gewonnen, das Spiel ist zu Ende. Ich erklärte den Studenten die Spielregeln, spielte einige Minuten mit ihnen zusammen und widmete mich dann anderen Gästen, die neu ins Haus gekommen waren. Nach einer Weile konnte ich mich den Spielern erneut zuwenden und sah, in welch gravierender Weise sie die Spielregeln verändert hatten. Ich meinte zunächst, sie hätten die kinderleichten Regeln nicht verstanden, doch bei genauerem Zusehen faszinierte mich das neue Spiel mehr und mehr. Die Veränderungen waren nicht zufällig, sie hatten Methode. Die Steine wurden inzwischen »Ochsen« genannt. Als nächstes hatte man die Regel, die Figur eines Mitspielers hinauswerfen zu müssen, als »zu grausam« abgeschafft. Auch der Sinn der Barrieren wurde umfunktioniert. Es ging nicht mehr darum, sie anderen in den Weg zu legen, sondern im Gegenteil, man mußte sie sich selbst und den anderen Mitspielern aus dem Weg räumen und an eine Stelle legen, wo sie voraussichtlich am wenigsten hindern würden. Gewonnen hatte derjenige, der als erster alle vier Figuren zusammen ins Ziel brachte. Das Spiel war erst zu Ende, als auch der letzte Spieler seine vier »Ochsen« in den »Kraal« geführt hatte.

Im Spiel hatte sich afrikanisches Gemeinschaftsdenken und die ihm angemessene Moralität durchgesetzt. Die Spielveränderungen wurden zum Spiegel, in dem ich mich als Europäer, aber auch den Afrikaner in seiner Mentalität erkennen konnte. Wir Abendländer stellen die Gegensätze heraus: »Spielend« lernt man bei uns, den Gegner mattzusetzen, abzuschießen und sich selbst auf Kosten anderer durchzusetzen, um allein Sieger zu werden. Dagegen fällt in der afrikanischen Version die völlige Ausschaltung des Wettkampfes auf. Es geht darum, dem anderen zu helfen, ihm Hindernisse aus dem Weg zu räumen, um möglichst mit ihm zusammen das Ziel zu erreichen. Es gibt letztlich keinen Verlierer und keinen Gewinner. Nach unserem Empfinden ein langweiliges Spiel - ein langweiliges Leben ohne Herausforderung und Kampf. Nach afrikanischem Empfinden dagegen ein Leben im friedlichen Zusammenspiel der Kräfte, allein abhängig vom Glück oder Unglück des »Zufalls«, ob man eine hohe Zahl würfelt oder nicht.

Die bestimmenden Elemente der afrikanischen Ethik traten in diesem Spielverhalten ebenso offen zutage wie die innere Verbindung zur Religion, auch wenn von ihr mit keinem Wort die Rede war. Es geht um das Leben in der Gemeinschaft. Wo es um ihr Leben geht, steht die gesamte Tradition des Stammes auf dem Spiel, wie wir vielfach gesehen haben, nämlich die Vergangenheit, die von den Ahnen bestimmt wird und deren Leben in die Zukunft hinein tradiert werden muß. Man »dient« den Rindern, in denen die Ahnen präsent sind und Leben ermöglichen. Ist nicht auch der Nachbar, mit dem man das Leben im Dorf teilt, Lebensermöglichung für einen selbst, so daß mit seinem Wohlsein auch das eigene auf dem Spiel steht? Wo die Gemeinschaft und das Leben betroffen sind, wo Tabus errichtet werden, die Sanktionen erfordern, da ist Religion »im Spiel«.

»Nur gemeinsam können wir leben«, diesen Titel habe ich später einem Buch zum afrikanischen Menschenbild gegeben. In diesem Augenblick hatte ich den Kern afrikanischen Denkens und Sozialverhaltens verstanden. Wer jedoch allein leben, Reichtum ansammeln will, versündigt sich gegen die Gruppe, gilt bald als Hexe(r), Neidling und wird als Zauberer aus der Gemeinschaft ausgeschlossen. Der Böse hat letztlich keinen Platz in der Gemeinschaft. Seine »Bosheit« läßt sich an seinem Sozialverhalten ablesen.

Afrikanischer Ethik ist eine gleichmachende Tendenz inhärent. Das schließt Reichtum nicht grundsätzlich aus, wohl aber den des einzelnen. Der König oder Häuptling kann reich sein, weil es zu seinem Status gehört und er seinen Reichtum dem Stamm zugute kommen läßt. Vornehme Familien können reich sein, weil ihr Status dieses fordert. Immer aber wird die ganze Familie daran partizipieren.

Dieses Prinzip der Kommunalität ist in der Moderne ein Konfliktherd größten Ausmaßes. Unser nach Afrika importiertes Wirtschaftssystem macht Kapitalakkumulation notwendig, das alte System aber schließt das letztlich aus. Ein wirtschaftliches »Vorankommen« des einzelnen, die Notwendigkeit, Geld nicht mit anderen zu teilen, sondern ins Geschäft zu reinvestieren, wird ausgeschlossen. Das ist das Dilemma vieler in Europa ausgebildeter Studenten: Ihre ganze Familie hatte dazu beigetragen, das Studium in Übersee zu finanzieren. Es ist selbstverständlich, daß sie später das gute Einkommen in einer höheren Position mit anderen teilen. Wo das neue Wirtschafts- und Sozialsystem das alte überlagert, brechen die Gegensätze auf: »Things fall apart« lautet ein bekannter Roman von Achebe.

Kommunialität, Seniorität, Partizipation, verschiedene Prinzipien können stichwortartig aneinandergereiht werden, um das Muster afrikanischer Ethik zu verdeutlichen. Ziel allen Verhaltens ist jedoch der Friede im Dorf, das gute Dorf, in dem man harmonisch miteinander lebt. Daß auch in Afrika dieses Ziel nur selten erreicht wird, hat etwas mit der Ambivalenz allen Lebens zu tun. Überall gibt es den Neidling und überall den Menschen, der die Harmonie wieder herstellen muß. Das gilt für Afrika ebenso wie für unseren Kontinent. Den Willen zum Frieden zu verstärken, die Wege dazu aufzuzeigen, die Regeln dazu aufzustellen und das Instrumentarium seiner Durchsetzung bereitzustellen, dem dient die Religion. Friede ist das Ziel. Die Gestalt des Friedens ist gewiß in Afrika einfacher als bei uns, dem alttestamentlichen Ideal aber kommt sie sehr nahe. Unter dem Feigenbaum sitzen, unter dem Weinstock liegen können und zu wissen, daß kein Feind mich stören wird, das ist das alttestamentliche Ideal. Afrikaner drückten es mir gegenüber gelegentlich so aus: »Wenn ich vor der Tür meines Hauses sitzen kann, die Kühe muhen friedlich in der Nähe und im Kraal, Enkelkinder spielen im Haus, niemand ist krank und keine bösen, lauten Worte sind zu hören, weil kein Streit zwischen den Nachbarn herrscht, *dann ist Frieden*.« Ist der erreicht, ist auch die Religion, die Teil der ganzen Gemeinschaft ist, zu ihrem Ziel gekommen.

Literaturhinweise

M. Griaule, Schwarze Genesis, Freiburg 1970.

J.S. Mbiti, Afrikanische Religion und Weltanschauung, Berlin 1974.

T. Sundermeier, Nur gemeinsam können wir leben. Das Menschenbild schwarzafrikanischer Religionen, Gütersloh 1990, 2. Aufl.

Indianische Religionen in Südamerika

Mark Münzel

Vorbemerkung

»Indianische Religionen in Südamerika« ist an sich ein zu weitgefaßtes Thema für einen so kurzen Vortrag. Das Problem der Wissenschaften heute, angesichts der übergroßen Fülle von Informationen, ist freilich nicht nur, etwas darzustellen, sondern auch: etwas wegzulassen. Darin besteht die Kunst.

Da es in dieser Vortragsreihe, wie ich sie verstanden habe, um fremdes Denken geht, um Auseinandersetzung mit den Anderen, halte ich es für sinnvoll, mich auf Religionen des östlichen Südamerika, insbesondere des Amazonasgebietes zu konzentrieren, da dort die europäischen Einflüsse schwächer sind, das Fremde uns noch etwas fremder entgegentritt.

Da ich mich auf wenige Grundideeen konzentrieren muß, klammere ich den weiten Bereich der religiösen Praxis aus, also etwa die Riten, die Maskentänze.

Wer nun beispielsweise vom Buddhismus berichtet, sollte nicht einfach das Denkgebäude dieser Religion vorstellen, sondern auch etwas von den Hintergründen, wie daß der Buddhismus in Indien entstanden ist, dessen Gesellschaft skizziert werden könnte. Erwähnt werden sollten auch die historischen Wandlungen. Man kann den Buddhismus vermutlich nicht ganz ohne diese Zusammenhänge verstehen, ohne beispielsweise zu wissen, daß er aus dem Hinduismus hervorgegangen ist. Man müßte dann eigentlich auch etwas vom Hinduismus sprechen, und so fort. Wenn ich nun über indianische Religionen rede, müßte ich korrekterweise genauso vorgehen, also erst einmal einen Vortrag über die Indianer allgemein halten, dann auf die neueren historischen Entwicklungen ihrer Religionen zu sprechen kommen, frühere Vorläufer heutiger Religionen beschreiben, usw. Und das Ganze dann noch hunderte- und aberhundertemale, da es eben so viele verschiedene indianische Religionen wie indianische Volksgruppen gibt.

Dies vorweg, als Hinweis auf eine nicht realisierbare Notwendigkeit, die nur dann als völlige Absurdidät erscheint, wenn man meint, daß man sich bei der Religion von »Primitiven« größere Ungenauigkeit leisten kann als bei einer »Hochreligion«.

Hinzu kommt ein weiteres Problem. Stellen Sie sich vor, Sie würden aufgefordert, das Christentum für einen Indianer zu beschreiben. Wo fangen Sie an? Wo ist das Zentrale? Welches Christentum, jenes der Theologen oder jenes des Kindes unterm Weihnachtsbaum? Kurz: Die Beschreibung einer Religion ist immer unvollständig; ich kann hier nur einige wenige Streiflichter liefern.

Da hier nun keine Zeit für eine allgemeine Einführung in die indianischen Kulturen ist, muß ich doch wenigstens eines kurz skizzieren: die Hauptlinien der Unterscheidung zwischen den indianischen Kulturen. Diese sind in Südamerika, neben zahlreichen und vielfältigen Differenzierungen im Detail, vor allem in zwei große Hauptgruppen unterschieden, die wir (leider mit einem dem europäischen Hochmut entsprungenen Begriffssystem) als »hochkulturliche« und »naturvölkische« Indianer zu bezeichnen pflegen.

»Hochkulturlich« die einen, die schon in voreuropäischer Zeit Gefängnisse gebaut haben, Zwangsarbeit kannten, Straßen, Städte und Deportationen, also in vieler Hinsicht unserer europäischen Gesellschaft nahekamen. Hier ist als bekanntestes Beispiel das Inkareich zu nennen, das nun freilich nicht nur Gefängnisse, sondern eine ganze Reihe großartiger zivilisatorischer Leistungen hervorgebracht hat, auch andere gewaltige Steinbauten, ein hochentwickeltes Handwerk, eine sehr intensive Landwirtschaft. Die Bevölkerungszahlen im Inkareich waren hoch, und bis heute leben in jenem Raum wesentlich mehr Indianer als im übrigen Südamerika. Das Inkareich erstreckte sich über große Teile der heutigen Staaten Ecuador, Peru und Bolivien. Darüber hinaus haben auch Teilregionen der heutigen Staaten Kolumbien und Chile und des nordwestlichen Argentinien zu jenem Reich gehört. Auf der anderen Seite standen und stehen die sog. naturvölkischen Gruppen, etwa die Amazonas-Indianer, von denen ich hier vorzugsweise sprechen möchte.

Der europäische Einfluß hat die überlebenden Indianer im sog. Hochkulturbereich viel stärker geprägt als etwa im Amazonasgebiet. Die Nachkommen der Inka wurden Teil eines Kolonialsystems, in dem sie einen festen Platz bekamen - den untersten zwar meist, aber doch einen festen Platz. Sie wurden zumindest äußerlich weitgehend christianisiert (obwohl das, was sich nun dort als indianisches Christentum präsentiert, europäische Theologen oft überraschen dürfte). Auf der anderen Seite sind die Indianer des östlichen Südamerika, in den Wäldern etwa des Amazonas- oder des Orinocogebietes oder auf den Savannen, bis heute relativ weniger von europäischen Einflüssen geprägt, haben sie ihre traditionellen, eigenen Kulturen besser bewahren können, sofern sie nur nicht ausgerottet wurden oder in der Mischlingsbevölkerung aufgingen. Von diesen für uns besonders fremden Indianern und ihren Religionen möchte ich im folgenden berichten.

Wenn wir nun zur indianischen Religion kommen, so ist diese schon deshalb nicht leicht darzustellen, weil sie nicht weniger vielfältig und komplex ist als beispielsweise die Religionen Europas und Asiens. Allein in Brasilien leben heute noch rund 300 verschiedene ethnische Gruppen der Indianer - die unzähligen ausgestorbenen, ausgerotteten gar nicht mehr mitgezählt. Eine solche Gruppe, ein 'Stamm', umfaßt oft nicht mehr als 2-300 Personen, Bauern, Fischer, in geringerem Maße auch Jäger und Sammler. Und jedes dieser kleinen und kleinsten Grüppchen baut sich seine eigene Welt.

Ich werde im Folgenden einige wenige Ideen herausgreifen, die sich nicht nur in einer, sondern in verschiedenen indianischen Gesellschaften finden - nie aber in allen. Ich werde diese Ideen anhand von Texten illustrieren, ohne hier aber genauer auf die komplizierten Fragen der Übersetzung und Deutung, sowie vorher schon der Auswahl, eingehen zu können.

Die Punkte, die ich als meines Erachtens typisch für viele religiöse Äußerungen von Amazonasindianern herausgreife, sind die Auffassung vom Jenseits als einer eigenen, vielleicht sogar höheren Realität gegenüber dem Diesseits, und der Glaube an eine Entstehung der Welt aus Visionen, Träumen, Bildern, schließlich der Ursprung dieser Bilder aus einer Finsternis, die gelegentlich als Nichts bezeichnet wird.

Wenn wir den geistigen Aspekt dieser Welt verstehen wollen, treffen wir auf eine (für den europäischen Hochmut vielleicht überraschende) Schwierigkeit, die ich etwas polemisch und vereinfachend folgendermmaßen formulieren möchte: Wir sind zu primitiv für jenes Denken. Genauer: Im Vergleich zur Ausdrucksweise der Amazonasindianer ist die unsrige im Durchschnitt geradliniger, wir haben oft Schwierigkeiten damit, um die Ecke zu denken und zu sprechen. Uns fehlt es etwas an Dialektik, an der Fähigkeit, mit Widersprüchen zu leben und das Doppelbödige der Welt zu erkennen und auszuhalten.

Gerade diese, in dialektischer Weise angegangene, Doppelbödigkeit aber ist ein wichtiges Grundthema der Religiosität der Amazonasindianer. Das bereitet uns beim Umgang mit ihren Aussagen zu dem ohnehin komplexen Thema Religion zusätzliche Schwierigkeiten.

Das Jenseits

Ich beginne mit einer kurzen Zusammenfassung einiger Ideen über das Jenseits.

Nach der Auffassung vieler südamerikanischer Waldindianer dürfte es zwei Realitäten geben: eine diesseitige und eine jenseitige. Beide Welten, Diessseits und Jenseits, werden oftmals als gleichermaßen real betrachtet, nur kommt es darauf an, in welcher der beiden Welten der Betrachter sich gerade befindet. Aus der Perspektive des Diesseits erscheint das Jenseits als eine verkehrte Welt, und umgekehrt. Was etwa hier, im hiesigen, diesseitigen Amazonas-Regenwald, ein wilder Jaguar ist, das ist im Jenseits ein zahmes Hündchen, und umgekehrt (zahmes Hündchen, weil Hunde bei der Jagd auf Jaguare verwendet werden: das Hündchen ist also, durch Zahmheit **und** Feindschaft, das extreme Gegenteil des Jaguars).

Zwischen den beiden Welten liegen Zwischenbereiche, in denen der Dichter und der Medizinmann (oder »Schamane«, wie er in der europäischen und amerikanischen Literatur auch gerne genannt wird) mit ihrer doppeldeutigen, auf beide Welten passenden Sprache zuhause sind. In der amazonasindianischen Vorstellung spielt das Wort, das Wortspiel eine ganz besondere, auch religiöse Rolle. Der Dichter, der in Wortspielen Gegensätze zusammenfaßt, etwa ein Hündchen als Jaguar bezeichnet und umgekehrt, kann dadurch zwischen den beiden Welten vermitteln. Die »Schamanen«

sind meistens auch gleichzeitig Dichter. Das bedeutet, daß die religiösen fast immer auch dichterische Aussagen sind, was ihr Verständnis für uns erschwert.

Neben dieser Vorstellung von der Realität sowohl des Diesseits als auch des Jenseits finden wir aber auch eine andere, gleichsam radikalere Variante, nach der Diesseits und Jenseits nicht mehr gleichermaßen und gleichberechtigt real erscheinen. Unsere Welt wird dabei zum Abbild, zum Spiegelbild oder gleichsam zu einer optischen Brechung einer anderen Welt.

Hier scheint der Gedanke der Illusion auf. Er verbindet sich mit einem anderen, hier nur knapp zu streifenden Element amazonasindianischen Denkens: mit der Wortphilosophie. Das Wort besitzt nach Ansicht einiger Indianer des östlichen Südamerika eine höhere Realität als das Ding. Am Anfang der Welt war erst das Wort, aus dem sich danach erst die Dinge entwickelten, d.h. die Dinge sind so etwas wie Abbilder der Worte. Das Wort ist das Original, die Dinge sind die Kopien.

Bei dieser Ansicht verändert sich die Rolle des Dichters und Schamanen. Er vermittelt nicht mehr zwischen zwei mehr oder weniger gleichberechtigten Welten, sondern zwischen einem minderwertigen Bereich (dem Diesseits) und einem höherwertigen (dem Jenseits). Während die übrigen Menschen in der diesseitigen Illusion befangen sind, haben die Schamanen mit ihrer Kenntnis des Jenseits und die Dichter mit ihrer Kunst des Wahren Wortes Zugang zu einer höheren Erkenntnis.

Vielleicht könnte diese Akzentverschiebung im Weltbild mit einer Verschiebung in der sozialen Ordnung der realen Welt zusammenhängen, doch muß dies unsere Spekulation bleiben, da wir hier keine gesicherten historischen Fakten anführen können: Dort, wo das Jenseits nicht einfach als eine andere, sondern als eine höhere, realere Welt gilt, wird wohl auch der Spezialist für das Jenseits, etwa der Schamane wichtiger, indem er ja nun als derjenige gilt, der den Zugang zur eigentlichen Realität kontrolliert. Es könnte sein, daß die Betonung der höheren Wirklichkeit des Jenseits mit zunehmender Macht der Schamanen Hand in Hand ging.

In der Mythologie einiger südamerikanischer Schamanen gibt es die Figur des ersten, großen Schamanen, der die Nachfolgenden lehrte, im Grenzbereich zwischen Realität und Irrealität zu operieren. Bisweilen wird er gleichgesetzt mit demjenigen, der als erster überhaupt den Unterschied zwischen Realität und Irrealität erzeugte, indem er aus der Ur-Realität die neue Welt erschuf: Der Schöpfergott oder, besser gesagt (da er nicht unbedingt und immer klar von den Menschen unterschieden wird), ein Schöpferwesen.

Der Schamane arbeitet mittels Visionen und Träumen. So arbeitete aber auch das Schöpferwesen, wenn wir Mythen einiger Amazonasindianer glauben dürfen. Er hatte eine Vision, einen Traum von der Welt, die er dadurch erschuf. Zuerst - können wir in unsere Begrifflichkeit zu übersetzen versuchen - war die Vision, die eine höhere Realität als jene Welt besaß, die erst danach als eine Materialisierung der Vision entstand.

Doch für einige Indianer war auch die Vision nicht das Allererste, Allerrealste. Vor ihr wird manchmal noch etwas anderes gesehen, der Urgrund aller Visionen, die letzte, eigentliche Realität, und das war: das Nichts.

Mythen und Gedichte

Sehen wir uns nun einmal an, wie solche Ideen ausgedrückt werden. Ich zitiere aus einem etwas älteren Text, der nämlich schon zu Beginn unseres Jahrhunderts im kolumbianischen Amazonasgebiet aufgenommen wurde. Die Witoto sind eine der zahllosen kleinen indianischen Volksgruppen und leben im Grenzgebiet von Kolumbien, Peru und Brasilien. Rigasedye war ein Mythenerzähler. Seine Erzählungen wurden veröffentlicht durch den Forscher Konrad Theodor Preuss. Die Rhetorik, mit welcher der Erzähler den Anfang der Dinge beschreibt, ist keineswegs der Stil eines naiven Kindermärchens, sondern erinnert an eine philosophische Abhandlung, und so etwas ähnliches ist die Mythe wohl auch.

Sie beginnt mit den Worten *Nichtwirkliches, was war nicht da?*, das heißt, was war anderes am Anfang als Nichtwirkliches? Dann wird in immer neuen Bildern der Begriff des Nichts erläutert, aus dem der Vater, der das Nichtwirkliche ist, das Leben durch Aneinanderknüpfen des Leeren erschuf. *Nichtwirkliches Gebilde berührte der Vater, den Sinnen Unfaßbares berührte er. Was war nicht da? Vater, der Nichtwirkliches hielt, hielt es durch einen Traum an sich und suchte es bei sich. Welcher Baum war nicht da [d.h. kein Baum war da], um es zu halten?* Das »nichtwirkliche Gebilde«

wurde an einem »Traumfaden« gehalten, mittels eines Hauches. Das Schöpferwesen suchte damit den »Grund des Nichtwirklichen« zu ertasten, fand aber nichts, und sprach: *Ich knüpfe an, was bei der Suche nicht war*, um alsdann im Geist den Grund dieses Wortes zu suchen und prüfend den Grund des Nichtwirklichen zu betasten.[1]

Sicher drückt der Mythenerzähler in diesem Text Gedanken aus, die nicht nur seine eigenen, sondern in seiner Gesellschaft weiter verbreitet sind. Möglicherweise hat er hier gar nichts Neues gesagt, sondern nur eine allgemeine Meinung in eigenen, vielleicht auch schon in alten Worten wiederholt. Insofern unterscheidet er sich von einem europäischen Philosophen, der nach dem Ausdruck von Neuem sucht. Gehören doch zu unserer Philosophie, oft auch zur Theologie Innovation, Widerspruch gegen den Vorgänger, Diskussion um unterschiedliche Positionen.

Das heißt aber nicht, daß der indianische Mythenerzähler nicht auch diskutieren könnte. In dem obigen Zitat mag man vielleicht sogar ein Beispiel für eine Diskussion sehen. Der Erzähler fragt in Anbetracht des Nichtwirklichen, aus dem die Welt hervorging, was da war, und fügt an, ob *etwa das Holz* dagewesen wäre, um das nichtwirkliche Gebilde zu halten. Nein, fährt er dann fort, an einem Traumfaden wurde es gehalten. Das läßt sich als Diskussionsbeitrag anhören, als Einspruch gegen andere Ansichten. Wir hören nämlich quer durch das Amazonasgebiet immer wieder auch die Ansicht, daß das Schöpferwesen die Erde auf eine Holzstütze stützte.

Wir können eventuelle Diskussionen unter den Indianern aus unserem spärlichen Forschungsmaterial kaum rekonstruieren, da den Forschern meist eine möglichst geschlossene, widerspruchsfreie Aussage geboten wurde, ohne daß die Fremden in die internen indianischen Meinungsverschiedenheiten eingeweiht worden wären. Aber sicher ist, daß das Motiv von der Holzstütze der Erde im Amazonasgebiet zu finden ist - auch bei den Witoto? Noch sicherer ist, daß der Mythenerzähler bereits das christliche Zeichen des Holzkreuzes kannte. Vielleicht argumentierte er dagegen? Nein,

---

[1] zitiert nach K. T. Preuss: Religion und Mythologie der Uitoto, Göttingen/Leipzig 1921-23, Bd. 1, S.23, 166. Zur Übersetzung s. B. Scharlau/ M. Münzel: Qellqay, Frankfurt/New York 1986, S.270

wollte er vielleicht sagen, unsere Mythe ist nicht so zu verstehen, wie der Unwissende aus dem Nachbardorf oder der noch unwissendere Missionar sie etwa versteht. Nein, es geht in dieser Mythe nicht um Holz, sondern um die Illusion, um das Nichts.

Nicht immer klingt der Stil einer Mythe so intellektuell argumentativ wie hier. Selbstverständlich hängt der Ton einer Erzählung auch von den Umständen ab, unter denen sie vorgetragen wurde. Zu Anfang unseres Jahrhunderts (als der hier zitierte Text aufgenommen wurde) war es noch recht ungewöhnlich, daß ein Forscher zu den Indianern kam und sie nach ihren Mythen fragte. Die Befragten dürften solches im allgemeinen zunächst so verstanden haben, daß der Forscher ein Religions- und Mythenspezialist war, darin also dem indianischen Mythenerzähler ähnlich. Vielleicht ist dies der Grund dafür, daß die frühen Mythensammlungen im Durchschnitt von so hoher Qualität sind: Die indianischen Erzähler glaubten, zu ihresgleichen zu sprechen, und setzten deshalb ein hohes Niveau des zuhörenden Forschers voraus.

Seit den fünfziger Jahren läßt sich insgesamt ein Absinken des durchschnittlichen Niveaus des mythischen Argumentationsstils erkennen. Zwar treffen wir immer wieder auf großartige Ausnahmen, aber insgesamt hat man doch eher den Eindruck, daß die Mehrzahl der veröffentlichten Mythen aus Südamerika nun für begriffsstutzige Kinder erzählt wurden. Der rhetorische Stil gleichsam philosophischer Abhandlungen, wie er in älteren Mythen öfter anzutreffen ist, wird selten.

Dafür lassen sich verschiedene Erklärungen finden. Jedenfalls wurden die Erzählungen ja tatsächlich für begriffsstutzige Kinder erzählt, nämlich für Weiße, deren geringe mythologische Kompetenz mittlerweile den Indianern durchschaubar geworden sein dürfte. Seit den fünfziger Jahren erlebt das Amazonasgebiet eine immer massenhaftere Invasion von Mythensammlern und Erforschern indianischer Religion, die dadurch nicht nur uns von der indianischen Welt berichten, sondern umgekehrt auch den Indianern einen immer realistischeren Eindruck unserer Ausbildung und denkerischen Kompetenz oder Inkompetenz vermitteln. Man glaube doch nicht, daß nur der Forscher die Indianer prüft: Umgekehrt ist die Prüfung sicher meist kritischer. Den forschenden Erforschten wird nicht entgehen, daß Europäer nicht immer die richtige Adresse für indianische Weisheit sind.

Hinzu kommt die nähere Bekanntschaft mit unseren Spezialisten für Religiöses, den Missionaren. Diese werden nicht immer danach ausgewählt, wie tiefsinnig sie mit ihren Zöglingen diskutieren können. Zum Bild des Missionars in Südamerika gehört auch der Manager eines Hilfsbetriebes, der versucht, etwas für seine Indianer zu tun (die Verdienste von Missionaren um das Überleben der Indianer sind ja nicht hoch genug einzuschätzen!), während theologische Diskussionen nicht unbedingt im Vordergrund stehen müssen - zumal man oft meint, die kindlichen Indianer seien für intellektuelle Diskussionen nicht vorbereitet, und zumal solche Diskussionen auch ein bisweilen fast unmögliches sich Einstellen auf fremde Ausdrucksformen und nichtchristliche Prämissen voraussetzen würden. Völkerkundler und Missionare haben so möglicherweise einen Beitrag zum Selbstbewußtsein der Indianer geleistet, indem sie diesen die intellektuelle Überlegenheit der **indianischen** Mythenspezialisten demonstrierten.

Während der Missionar meist immerhin eine indianische Sprache spricht, kann der Völkerkundler oft nicht einmal das. Ja, in vielen Fällen beherrscht er nicht einmal das Spanische oder Portugiesische besonders gut, so daß er als Diskussionspartner für indianische Denker vollkommen ausfällt. Mancher Mythensammler freut sich ja schon, wenn er halbwegs den Handlungsstrang der Erzählung mitbekommt. Dabei kommt es gerade auf Mythen an, denn die indianische Religion drückt sich (um einen Begriff aus der europäischen Theologie zu gebrauchen, der eigentlich auf bestimmte Randgruppen des Protestantismus angewendet wird) in einer Art narrativer Theologie aus: in Berichten, Mythen mehr als in analytischen Sätzen.

Die Verständnisschwierigkeiten der Forscher und die Erfahrung der Indianer mit diesem Unvermögen mögen einen Teil der Erklärung dafür bergen, daß in den neueren indianischen Mythen vergleichsweise weniger diskutiert und philosophiert wird, dafür oft und mit großer Geduld erklärt. Viele Mythen wirken wie verzweifelte Versuche eines Lehrers, den Klassenletzten durch persönliche Nachhilfestunden doch noch zur Versetzung zu schieben. Für die Erzähler hat dies die praktische Seite, daß sie ihr Kunstwerk gleichzeitig dem Forscher und den eigenen Kindern zu Gehör bringen können: Ein Großteil dieser Texte läßt sich dem Genre der didaktischen Erzählung für die heranreifende Jugend zuordnen.

Seit den siebziger Jahren freilich scheint das diskutorische Niveau der amazonasindianischen Mythen in der Wiedergabe durch die Forscher wieder zuzunehmen. Einer der Gründe hierfür könnte in der Wende der Missionspolitik liegen. Immer mehr Missionare, die ja ohnehin oft die jeweilige indianische Sprache sprechen, interessieren sich nun auch für die entsprechende Mythologie, übernehmen teilweise völkerkundliche Methoden, haben dabei aber den Forschern die profundere Kenntnis aus längerem Aufenthalt voraus. Ein weiterer Grund könnte sein, daß sich nun auch zunehmend Sprachforscher an der Aufnahme der Mythen beteiligen, dabei nach dem Sinn des einzelnen Wortes fragen und so einer Religion näherkommen, die sich durch Mythen ausdrückt und in der das Wort eine zentrale Rolle spielt. Möglicherweise veranlaßt die zunehmende Kompetenz der Forscher die indianischen Mythenspezialisten, ihrerseits das Niveau wieder anzuheben, weg von den Kindermärchen für Heranwachsende und zurück zu den Mythen von zentraler religiöser Bedeutung.

Hinzu kommt zumindest ansatzweise und in den letzten Jahren, daß einige Mythen nun dem Forscher nicht mehr nur für dessen Forschung erzählt werden, sondern auch, weil die Mythenspezialisten in der Aufnahme einen Weg erkannt haben, das vom Vergessen der Traditionen bedrohte eigene Wort zu fixieren. Die Publikation wird hier noch dem Forscher überlassen, ist aber letztlich vom Erzähler auch für die eigenen Leute bestimmt.

Für den Mythentypus der fünfziger und sechziger Jahre möchte ich ein Beispiel von den Karajá nennen, die überwiegend im brasilianischen Bundesstaat Tocantins leben. In der Mythe geht es wiederum um die Entstehung aus dem Nichts. Diese wird hier aber nicht diskutiert, noch wird der Begriff des Nichts in feierlich-poetischen Umschreibungen ausgebreitet, sondern man erklärt ihn dem Weißen geduldig mit einfachen Worten:

Der Schöpfer ist nicht geboren, er hat immer existiert ... Er hatte keinen Vater und keine Mutter oder irgendeinen Gefährten. Er war allein und einzig. Er hatte nicht einmal einen Körper wie wir, denn er war sicherlich gleich einem guten Gedanken. Er besaß kein Alter, denn in jener Epoche zählte man die Zeit nicht. – Es gab auch keine Erde, es gab nicht einmal den Himmel ... alles, was existierte, war der Schöpfer, der Rest war nicht einmal so viel, daß es eine Idee gewesen wäre, es war das Nichts.[2]

---

[2] J. A. Peret: Mitos e Lendas Karajá. Rio de Janeiro 1979, S.15. Meine Übersetzung aus dem Portugiesischen

Ein Grundgedanke dieses Mythenanfangs wird an einem späteren Punkt noch einmal ins Gedächtnis gerufen, diesmal aber nicht in Form von schulbuchhaft trockenen Erklärungen, sondern in humoristischer Form, was bekanntlich die beste Didaktik ist. Der Schöpfer will heiraten und bittet deshalb die Menschen um eines der jungen Mädchen, die inzwischen geboren und herangewachsen sind. Dessen Mutter jedoch ist gegen die Verbindung, und der daraus erwachsende Streit wird ausführlich in Form einer kleinen Szene aus dem häuslichen Leben wiedergegeben. Die zukünftige Schwiegermutter sagt: *Nichts da! ... Meine Tochter wird nicht irgend einen Hergelaufenen heiraten. Du taugst nichts! ... Sie stammt aus guter Familie und hat eine gute Mitgift. Du aber, niemand weiß, wer du bist, na so was, du hast ja nicht einmal eine Mutter.* [3]

Natürlich hat die Frau völlig recht: Die Identität des Schöpfers ist ein Rätsel, und er kommt aus dem Nichts. Das eben ist es, was der Zuhörer auf diese Weise lernt, mit dem Witz, daß die religiöse Aussage auf ein soziales Verhältnis übertragen wird, in dem jemand »ohne Mutter« ein Außenseiter ist. Da hören wir den lustigen Ton, den die Kinder des indianischen Mythenerzählers so mögen und den auch der weiße Forscher versteht.

Vision, Illusion, Nichts

Nicht immer ist der Ton indianischer Religiosität so lustig, auch in Texten aus der gleichen Zeit nicht immer. Ein berühmtes Beispiel sehr ernsthafter Texte voller Poesie ist die Sammlung von Mythen, Reden und (um einen nur annähernd übertragbaren europäischen Begriff einzusetzen) Gedichten der Mbyá-Guaraní in Paraguay, die León Cadogan 1959 unter dem Titel *Ayvu Rapyta* (das heißt »Ursprung der Worte«) in S. Paulo veröffentlichte. Die Mbyá haben diese Texte erst nach interner Beratung freigegeben und sie dann einem Forscher, dessen Kompetenz sie zuvor geprüft hatten, durch ein Gremium von Spezialisten diktiert. Hier fehlt der belehrende Ton, denn man sprach zu einem, von dem man wußte, daß er verstand.

Der besondere und vorsichtige Umgang der Mbyá mit ihren Texten hängt sicher mit der guaranitischen Wortphilosophie zusammen. Geordnete, zusammenhängende Texte sind etwas Relevantes,

---

[3] ebd. S.20

das Veränderungen bewirken kann. Eine falsche Beschreibung der Weltordnung könnte eventuell sogar die Ordnung verändern. Diese Texte sind nicht didaktisch, sondern bekräftigend: Sie bestätigen die Welt so, wie sie »in Wahrheit« ist.

Auch hier geht es wieder um die Entstehung der Dinge aus dem Nichts. *Unser erster, wahrer Vater, der absolute, tauchte auf inmitten der ursprünglichen Finsternis. Das Urbild der Anfänge, den kleinen runden Sitz, schuf er inmitten der ursprünglichen Finsternis in der Entwicklung seiner eigenen Entstehung. Die Spiegelung des Urbildes des Wissens von den Dingen, das Urbild des Hörens der Dinge, das Urbild der Handflächen mit dem Häuptlingsstab, das Urbild der Handflächen mit den blühenden Zweigen hat Ñamandú geschaffen in der Entwicklung seiner eigenen Entstehung inmitten der ursprünglichen Finsternis.* [4]

Hier wird beschrieben, wie der Schöpfergott sich selbst erschafft, und wie dies gleichzeitig den Anfang aller Dinge bedeutet. Der allmählich sich entwickelnde Körper des Gottes ist das Urbild, das Muster der sich allmählich entwickelnden Welt. Das Urbild der Anfänge, der kleine runde Sitz ist derjenige, auf dem Häuptlinge und Zauberer sitzen, das heißt, hier wird gleichzeitig auch die politische und Zauber-Autorität, die Grundlage der sozialen Ordnung geschaffen. Das Urbild des Hörens der Dinge ist das Ohr des Schöpfers und gleichzeitig das Prinzip des Hörens, das durch die Entstehung des Gottes in die Welt kommt. Das Urbild der Handflächen mit den blühenden Zweigen: Das sind die Hände mit den Fingern (den Zweigen) und den Fingernägeln (den Blüten an den Zweigen). Die so entstehenden Hände des Gottes sind gleichzeitig das Prinzip des Blühens, der Fruchtbarkeit, das Vorbild, von dem die spätere irdische Fruchtbarkeit wohl nur ein Abbild sein dürfte.

Denn die irdische Welt, die sich hier vorbereitet, wird nur eine Illusion sein, ein Abbild dessen, was sich mit dem Schöpfer entwickelte. Das rote Rebhuhn, das zum ersten Mal seine Lieder auf der Savanne anstimmte, befindet sich jetzt in der Umgebung des Jenseits unseres Vaters: dasjenige, das in der irdischen Welt existiert, ist nichts weiter als sein Abbild. *Wer als erstes die Erde umgewühlt hat in der irdischen Wohnstätte unseres Vaters, war das Gürteltier. Es ist jetzt nicht mehr das wahre Gürteltier, das bis heute*

[4] ebd. S.13, meine sehr freie Übersetzung

auf unserer Erde existiert: Dieses ist nicht mehr als nur das Abbild von jenem. [5]

Zwischen Bild und Abbild, zwischen Realität und Schein, hat der Schöpfergott, der selbst mittlerweile real geworden ist, aber aus einer nicht unbedingt realen Welt kommt, die er nun zu einer neuen Realität gewendet hat, die Rolle eines Vermittlers. Einerseits gehört er zum Bereich der jenseitigen Bilder, das heißt der (gegenwärtigen) Realität; andererseits aber ist er für die Menschen erreichbar, etwa durch rituelle Lieder. Durch die Möglichkeiten des direkten Kontaktes mit ihm kann man auch die höhere Realität, in der er lebt, berühren, bei Riten etwa, zu denen Urzeitmythen rezitiert werden: *Der ursprüngliche (wahre) Wind, in dem unser Vater existierte, wird jedesmal dann erreicht, wenn man Zeit und Raum der Ursprünge erreicht,* [6] das heißt wohl, wenn man die mythische Urzeit wiederholt, indem man zum Beispiel die Urzeitmythen rezitiert.

Auch diese wahren Winde und wahren Rebhühner und wahren Finger des wahren Vate·s sind freilich noch nicht die letzte, endgültige Realität. Jeweils das ist realer, was ursprünglicher ist: Was später entstand, ist ein Abbild. Nun ist aber auch der Schöpfer nicht der letzte Ursprung; denn auch er ist ja (im Unterschied zum christlichen Gott) eines Tages entstanden, hat sich allmählich aus der Dunkelheit entwickelt. Seine bildhaften Gedanken mögen die Urbilder unserer Welt sein, die aber ihrerseits aus etwas anderem hervorgegangen sind. Was ist die letzte, eigentliche Realität hinter den Bildern? Vielleicht das Nichts.

Wir sehen hier jedenfalls einen grundlegenden Unterschied zur christlichen Gottesauffassung. Der christliche Gott war vor allem anderen da - der indianische Gott aber ist bisweilen (so in der Meinung seiner schon zitierten Schwiegermutter aus der Mythologie der Karajá) ein Kind des Nichts. Der christliche Gott ist immer eine vollkommen reale Existenz gewesen, an die man fest glaubt - der indianische Gott könnte letztlich ein Bild sein, gar eine Illusion.

Das für uns schwer Verständliche dabei ist, daß ein solcher Gott, dem man seinen Ursprung aus dem Nichts vorhält, oder den man

---

[5] S.30
[6] ebd. S.15

im Prozeß seiner Entstehung aus etwas anderem beschreibt, dennoch mit großer Ehrfurcht beschrieben und angesprochen werden kann. Überhaupt sind indianische Denker bisweilen besser als wir in der Lage, an Illusionen zu glauben, ohne sich von ihnen täuschen zu lassen: Mit Paradoxen zu leben. Sie kommen gut zurecht mit dem Nichts, das unserer europäischen Philosophie so große Probleme bereitet und aus unserer Theologie so ängstlich ausgeschlossen bleibt. Für uns sind manche indianische Gedanken deshalb nur schwer zugänglich: Wir könnten nur mühsam fromm und gleichzeitig Nihilisten sein.

Die Verbindung von Illusion, Vision, Traum und höheren Wesen in der indianischen Vorstellung hat noch einen weiteren Aspekt, den ich zum Schluß kurz ansprechen möchte.

Die indianische Betonung des Traumursprungs der Welt und der anderen Realität der jenseitigen Wesen scheint zunächst an die platonische Ansicht vom illusionären Charakter der Welt und von der stärkeren Realität des nicht Körperlichen, sondern Ideellen zu gemahnen. Es gibt aber wichtige und charakteristische Unterschiede.

Mag die indianische Welt auch aus Bildern der Vorstellung entstanden sein, darin der platonischen Welt nicht unähnlich, so wird sie dennoch ganz unterschiedlich beurteilt. Für Platon bedeutete die weltliche Illusion einen Abstieg, während sie in indianischen Aussagen durchaus nicht negativ besprochen werden muß. So gibt es beispielsweise Hinweise darauf, daß Indianer sich den göttlichen Wesen gegenüber zwar einerseits vielleicht weniger real, aber andererseits doch auch körperlicher und damit auch glücklicher sehen. Körperlichkeit, wenn auch aus Träumen entstanden, wird hier nicht verachtet.

Mit dem Gefühl, den Wesen einer anderen Realitätsebene die Körperlichkeit voraus zu haben, geht wenn nicht ein Überlegenheits-, so doch ein Selbstbewußtsein einher. Hier scheint ein Zusammenhang mit einer (im Vergleich zum Christentum wie zur platonischen Philosophie) Besonderheit der amazonasindianischen Religionen zu bestehen, in denen der Mensch sich einige jenseitige Wesen unterwerfen kann. »Höhere« Wesen sind dies eigentlich nicht, mögen sie auch einer anderen Welt angehören. Eher sind sie mit den armen Schloßgespenstern unserer Folklore zu vergleichen: Sie schrecken, aber der Schrecken kann gebannt werden.

Die Amazonasindianer leben nur selten wirklich in Geisterfurcht. Sie vertrauen ihren Spezialisten für Religiöses, die letztlich hoffentlich mächtiger als die Geister sind. Sie leben nicht in kniefälliger Verehrung, sondern sind bereit, sich auch gegen die höheren Autoritäten zu erheben - nicht gegen die allerhöchsten Wesen, aber doch gegen den Mittelbau von Geistern, mythischen Fabeltieren und Heroen.

Dieser respektlosen Haltung, dieser mangelnden Angst, entspricht die selbstbewußte Betonung der Menschlichkeit gegenüber der unkörperlichen Welt: Erst die Mission lehrt die Amazonasindianer die Unterwerfung.

Neue religiöse Bewegungen - Neue Religionen

Hans Wißmann

Ich möchte zunächst mit einigen Sätzen begründen, warum das Thema des heutigen Abends nicht einfach nur »Neue religiöse Bewegungen« heißen kann oder »Neue Religionen«, warum mir vielmehr die etwas umständliche und verdoppelte Formulierung notwendig zu sein scheint, in der beides vorkommt. Der Unterschied zwischen beiden Begriffen ist m.E. in der folgenden Weise zu sehen: religiöse Bewegungen sind von Aufbruch gekennzeichnet, sie sind vor allem durch die ihnen innewohnende Dynamik zu beschreiben, ihre Entwicklung ist unvorhersehbar, ihre Zukunft - möglicherweise auch ihr Ende - ist offen. Wer einer solchen Bewegung angehört, tritt ihr nicht bei wie einem Verein, dessen Mitglied man durch die Übernahme der Verpflichtung wird, einen bestimmten Beitrag und den regelmäßig zu leisten. Und weitere abstrakte Merkmale, die eine religiöse Bewegung von einer Religion unterscheiden, sind etwa aus den folgenden Beobachtungen zu erschließen: die Rollen innerhalb der Bewegung sind nicht in der Weise fest verteilt, daß sich Priester oder Funktionäre von den Laien unterscheiden ließen, das religiöse Leben ist nicht etwas, das mitgeteilt oder gar verwaltet und ausgeteilt wird, sondern ist etwas, das diejenigen, die sich einer Bewegung zugehörig wissen, untereinander als Gemeinsames teilen. Es gibt im Unterschied zu der - sagen wir - etablierten Religion in religiösen Bewegungen keine Organisation, die über den unmittelbaren Erlebenshorizont des einzelnen hinaus wirksam wäre. Daß man sich einer religiösen Bewegung anschließt, hat weniger mit Studium, Lehre oder einer anderen Art der rationalen Wissensvermittlung zu tun, als vielmehr damit, daß die Inhalte dieser Bewegung spontan einleuchten, daß ihre Plausibilität erlebt wird und ein eben nicht, etwa durch Lernen, Vorbereitetes, sondern eben Neues fortan das Leben bestimmt. Auch wenn es viele religiöse Bewegungen gegeben haben mag, die zugleich mit dem Ende ihrer Dynamik und der Zeit des kreativen Beginns zugrunde gingen, ist es sicher zulässig, von religiöser Bewegung als von dem »Kindheitsstadium« einer Religion, gewissermaßen gegenüber ihrem Stadium der Reife, zu sprechen.

Beim Betrachten neuer religiöser Bewegungen und neuer Religionen ist man in eine Art Froschperspektive versetzt, die von der Zeitgenossenschaft nahegelegt wird: wir leben in einer der religionsschöpferisch aktivsten Perioden der bekannten Menschheitsgeschichte, Religionen wachsen nicht nur ständig, es wachsen ständig neue und neue Bewegungen nach. Am bekanntesten sind hierzulande die mit allerlei abwertenden Begriffen wie »Jugendreligionen«, »destruktive Kulte«, »Jugendsekten« und anderen Schlagworten bezeichneten neureligiösen Gebilde geworden, über die - gerade wegen deren Bekanntheit und zeitweiliger Präsenz, aber auch wegen der von ihnen ausgelösten Ängste, insbesondere bei Eltern und Erziehern - eine Flut von Texten verfaßt wurde. Deshalb kann ich mich hier wenigstens zum Teil den vielleicht etwas weniger bekannten oder wenigstens unserem Bewußtsein als Zeitgenossen als entlegener erscheinenden neuen Religionen oder neuen religiösen Bewegungen zuwenden. Die mit der Froschperspektive der Zeitgenossenschaft mitgesetzte Unsicherheit über das Gewicht der beobachteten Phänomene ist eben auch Konsequenz davon, daß die Religionsgeschichte nicht abgeschlossen ist, daß sie mit dem Auftreten der letzten großen nachchristlichen monotheistischen Weltreligion, dem Islam, keineswegs zu Ende gegangen ist. Die Probleme, die sich daraus für die etablierten Religionen ergeben, die so zum Vorläufer von anderen werden, die sich als deren jeweilige Überhöhung und Erfüllung verstehen, können wir hier - wie ich meine - beiseite lassen. Wenn wir uns aber mit neuen religiösen Bewegungen und neuen Religionen, d.h. mit der religiösen Zeitgeschichte oder der Religionsgeschichte der Gegenwart, beschäftigen, dann müssen wir jene Unschärfe in Kauf nehmen, die notwendig Aussagen über Bewegungen in sich schließen, deren Charakteristikum es geradezu ist, keine fertige, zu Historie gewordene Gestalt zu besitzen.

Der Unterschied zwischen religiösen Bewegungen und (etablierten) Religionen wird also mit Hilfe von äußerlichen Merkmalen bestimmt, anhand von Organisationsstrukturen wie Hierarchien, anhand von Lernstoff, wie er in Katechismen oder Traktaten festgehalten werden kann, kurz: anhand von allem, was den religiösen Bewegungen gegenüber sich als fest und als zu Überlieferndes, als Tradition also, bereits erweist.

Ein einfaches und einleuchtendes Beispiel zum Beginn von Tradition ist in dem Augenblick zu erkennen, da eine Gemeinde ihren Stifter verloren hat und nun in irgendeiner Weise die Kontinuität der Orthodoxie und der Orthopraxie zu sichern beginnen muß: zu Lebzeiten des Stifters war er es, der in allen Wechselfällen des Lebens um Rat gefragt werden und der mehr oder weniger spontan dieses Begehren seiner Anhänger erfüllen konnte. Nach seinem Tode muß das, was er gesagt hätte, wie er wahrscheinlich reagiert hätte, erschlossen werden, aus etwas, das genauso allgemein verbindlich ist, wie es das definitive Wort des Stifters gewesen war, eben aus Tradition.

Mit dieser äußerlichen Unterscheidung zwischen religiöser Bewegung und etablierter Religion ist jedoch noch nichts über den Gegenstand ausgesagt, ist nichts darüber entschieden, was eigentlich eine Religion zu einer Religion macht, oder eine Bewegung zu einer religiösen. Es gibt zahlreiche Versuche, Religion in einer Weise inhaltlich zu definieren, daß auch wirklich alle Phänomene, die wir spontan durch Analogieschluß aus den vorhandenen, unzweifelhaft oder gewohnheitsmäßig als Religionen etablierten Gebilden für religionsartig, religionsförmig, für religionshaft halten, damit erfaßt wären. Gerade wenn man bei der Betrachtung der religiösen Gegenwart mit Bewegungen konfrontiert ist, bei denen man noch nicht so genau weiß, was dabei herauskommen wird, ist die Unterscheidung zwischen Ideologie, Weltanschauung, Philosophie oder etwas Religionshaftem nie von vorneherein mit Sicherheit zu treffen. So ist es z.B. relativ offen, ob die *Scientology-Kirche* trotz des zweiten Namensbestandteils etwas ist, das in unserem bekannten Vorverständnis von Religion aufgeht, oder ob es sich dabei um ein, wie ernsthaft und seriös auch immer vorgehendes, Therapiesystem handelt. Das gleiche läßt sich von der *Neo-Sannyas-Bewegung* um den Bhagwan Rajneesh fragen, die sich vor einigen Jahren zwar bewußt als Religion unter der Bezeichnung *Rajneeshismus* etablierte. Die Frage ist aber, was war sie vorher oder anders: ist sie nach dieser Umbenennung so kategorial anders geworden als vorher. In der unmittelbaren Gegenwart spüren wir bei all dem, was unter *New Age* zusammengefaßt wird, einen verhältnismäßig einhelligen Zug von, sagen wir, Offenheit dem Nichtrationalen gegenüber, so daß wir in ihnen eine gewisse Religionshaftigkeit erkennen mögen; andere Züge jedoch dürften herkömmliche Definitionsversuche von Religion - auf *New Age*-Phänomene angewendet - wieder sprengen.

In dieser definitorischen Verlegenheit kann jeder sich nur einem pragmatischen Vorgehen verpflichten, wenn er sich nicht auf das Glatteis einer alle solchen, im Fluß befindlichen Bewegungen einschließenden, neuen und umfassenden Theorie begeben will, deren zu geringe Reichweite doch ständig befürchtet werden muß. Ein solcher pragmatischer Weg scheint mir zum einen in dem vielversprechend zu sein, was ich eben als Analogieschluß bezeichnet habe: es gibt etablierte Religionen, deren Religionsartigkeit, Religionsförmigkeit von niemandem in Frage gestellt wird. Wenn wir Religion sagen, fallen jedem zumindest die großen Judentum, Christentum, Islam ein, den meisten auch Buddhismus und Hinduismus, den weiter Interessierten noch Jinismus und Shintoismus, und je länger man darüber nachdenkt, desto länger wird die Liste der historischen Gebilde, die wir unhinterfragt für Religionen halten. Je länger man zusieht, wächst aber auch eine andere Erkenntnis, nämlich die, daß die Möglichkeiten religiösen Ausdrucks offensichtlich in ihrer Zahl begrenzt sind, so daß man - im Widerspruch zum Thema dieses Vortrags - geradezu sagen kann, es gibt nichts, das nicht schon einmal dagewesen wäre, es gibt letztlich nichts Neues unter der Sonne. Alles, auch das Neueste, kommt einem irgendwie bekannt vor. Auch die neuesten Gebilde, die den Religionswissenschaftler interessieren, wecken seine Assoziationen, die ihn Ähnlichkeiten mit bereits aus der Geschichte der Religionen Bekanntem entdecken lassen, und erweisen schon dadurch ihre Religionsförmigkeit, Religionsartigkeit oder -ähnlichkeit.

Eng damit zusammen hängt eine weitere Beobachtung, die möglicherweise auf die Ursache dieser Ähnlichkeit zielt: alle religiösen Bewegungen und Religionen setzen sich schon in *statu nascendi* mit der vorhandenen Religionswelt auseinander, da sie schon allein deshalb nicht in ein religionsgeschichtliches Vakuum hinein entstehen, weil es ein solches Vakuum nie und nirgends gegeben hat. Je nach Ort ihrer Entstehung finden neue Religionen die eine oder andere Religion vor, von der sich abzusetzen sie und ihre führenden Gestalten anfangen müssen, um nicht von der vorgefundenen Religion absorbiert zu werden. So mußten sich der Gründer der *Bahāʾī* und seine Nachfolger vorzugsweise mit dem schiitischen Islam auseinandersetzen, dessen Häresieverdacht sie sogleich schrecklich traf; der Caodaismus Vietnams vorzugsweise mit dem Katholizismus der französischen Kolonialbeamten und der vietnamesischen Spielart des Buddhismus; die *Umbanda* Brasiliens mit dem populären brasilianischen Katholizismus und dem in Brasilien kirchenartig organisierten europäischen Spiritismus; die Religion der *Rastafarier* Jamaikas mit dem in zahlreichen Denominationen präsenten Protestantismus; die Beispiele ließen sich beliebig vermehren. Auseinandersetzung ist dabei - soviel dürfte klar sein - nur als dialektischer Prozeß zu verstehen, sie ist nicht nur strikte Ablehnung des Vorgefundenen. Vielmehr ist das Vorgefundene der Kontrast, gegenüber dem sich das Neue zu bewähren hat. Wenn die Rastafarier sehen, daß im religiösen Leben der weißen Christen die Bibel eine wichtige Rolle spielt, dann setzen sie sich mit diesem religiösen Wert in der Weise auseinander, daß sie ihrerseits den Sinn des in der Bibel Verborgenen zu ergründen trachten, so daß sie selbst eifrig in dieser Bibel lesen, mit - ihrer Meinung nach - ungleich größerer Klarheit und gewissermaßen gegen den Strich.

Auch Mohammed hatte nicht nur den altarabischen Polytheismus vorgefunden, sondern auch Judentum und Christentum, deren zentrale Aussagen er zu übernehmen und zu überholen oder zu vollenden trachtete. Daß dieser Vollendungsanspruch zugleich Judentum und Christentum relativiert und deren Wahrheitsanspruch bestreitet, ist gewissermaßen die andere Seite dieser dialektischen Auseinandersetzung. Mit anderen Worten: wer sich als Gründer oder Anhänger einer neuen Religion gegen eine vorgefundene durchsetzen will, tut dies im Rahmen und unter dem Vorzeichen von (vorgefundener) Religion.

Aus diesen Beobachtungen folgt nun notwendig die Frage nach dem, was hier Gegenstand unserer Überlegungen ist, nämlich: was ist eigentlich das Neue von neuen religiösen Bewegungen oder neuen Religionen?

Die Antwort auf diese scheinbar schlichte Frage ist mehr als abendfüllend, so wie sie auch bereits zahllose Bücher füllt. Denn in dieser Antwort müßte ja all das zutage treten, was neue religiöse Bewegungen und neue Religionen überhaupt kenntlich macht, worin sie sich also von alten unterscheiden und warum sie in diesen nicht aufgehen, was sie also letztlich überhaupt zu dem macht, was sie sind.

Vorab ist es nötig, darauf hinzuweisen, daß das, was eine Bewegung oder eine Religion gegenüber einer alten zur neuen werden läßt, keineswegs in jedem Fall gleich ist. Ich vermute jedoch, daß das, wodurch sie sich als neue erweisen - jedenfalls bezogen auf einen bestimmten Zeitabschnitt (irgendwann einmal ist, so platt das klingt, auch das Neue zum Alten geworden) - eine endliche Zahl von Merkmalen erkennen läßt, von denen zumindest einige im Rahmen eines einzigen und abgeschlossenen Vortrags zur Sprache kommen können.

Ich hatte schon auf die religiöse Neustiftung Mohammeds hingewiesen und auf seine Auseinandersetzung mit der zeitgenössischen Religionsgeschichte. Die Art seiner Auseinandersetzung (keineswegs jedoch die Inhalte dieser Auseinandersetzung) übernahm Mohammed höchstwahrscheinlich von Mani, dem iranischen Religionsstifter des 3. Jahrhunderts. Auch dieser, der Begründer der damaligen Weltreligion des Manichäismus, kannte seine Vorläufer und nennt sie mit Namen, in zeitlicher Reihenfolge: Zarathustra, Buddha und Jesus. Mani geht davon aus, daß auch in diesen Vorläuferreligionen die ewige Wahrheit enthalten sei, daß sie jedoch von seinen Vorgängern aus verschiedenen Gründen nur unvollkommen realisiert wurde. Einer dieser Mängel bestand darin, daß sie selbst nichts Schriftliches hinterlassen hatten, einen anderen, ebenso gravierenden Fehler sah Mani in der räumlich begrenzten Ausstrahlung ihrer Religionen. Mani tritt, und dies verbindet ihn vollends mit Religionsstiftern der Neuzeit, mit dem Anspruch auf universale Geltung seiner Religion auf, sie soll nicht mehr nur im Iran, in Indien oder in Palästina gelten, sondern in allen Weltgegenden. Beide Motive zusammen, der Anspruch auf universale Geltung und darauf, daß das Neue das Vorangegangene nur dadurch außer Kraft setzte, daß es überhöht und zur Endgültigkeit gebracht werde, hat der Manichäismus nicht nur mit Mohammeds Stiftung gemein, sondern auch mit dem schon erwähnten Caodaismus, aber auch mit der Vereinigungskirche des Sun Myung Mun. Werfen wir zunächst einen kurzen Blick auf die Religion des **Cao-Dai**, weil in ihr das spezifisch Neue, das vergangene Offenbarung überhöht, in dem Selbstverständnis besteht, eine neue Offenbarung zu realisieren.

Die Anfänge dieser neuen Religion sind uneinheitlich überliefert. An ihrem Beginn stehen jedoch unzweifelhaft spiritistische Experimente und Erfahrungen, die um das Jahr 1925 einem vietnamesischen Beamten, der im Dienst der französischen Kolonialverwaltung stand, Ngo-Van-Chieu, zuteil wurden. In einem spiritistischen Zirkel zeigte sich zu dieser Zeit ein besonders mächtiger Geist, der sich selbst Cao-Dai, »höchster Palast«, nannte und den Ngo-Van-Chieu als das höchste Wesen, als Gott, erkannte. Von ihm erhielt Ngo-Van-Chieu den Auftrag, zum Führer der neuen Religionsgemeinschaft einen übelbeleumdeten Mandarin, Lê-Van-Trung, zu wählen, der bislang seinen großen Reichtum zu einem Leben des Genusses verwendete, zu dem ein hemmungsloser Opiumkonsum gehörte. Vom Gott Cao-Dai zum Führer der neuen Religion ernannt, änderte Lê-Van-Trung sein bisheriges Leben; daß er von einem Tag auf den anderen ohne Entzugserscheinungen dem Opium entsagen konnte, galt den Zeitgenossen als Beweis für die wahrhaft göttliche Qualität der Anordnungen Cao-Dais. Im folgenden Jahr 1926 wurde die neue Religion offiziell begründet, ihr Oberhaupt, ihr »Papst«, wie er genannt wurde, war Lê-Van-Trung. Die neue Religion gewann bald zahlreiche Anhänger. Ihr Ziel war es, sowohl den Buddhismus zu übertreffen, und zwar durch eine straffe Kirchenorganisation, die diesem ebenso fehlte wie eine eindeutige religiöse Begründung der Mitleidsethik, als auch das Christentum, dessen zwei Testamente durch das »dritte Testament«, das Cao-Dai den Menschen brachte, vollendet wurde. Der Caodaismus zeigte sich also als neue Religion durch eine neue Offenbarung (mit dem französischen »amnistie« bezeichnet), die die bisherigen nicht abschaffte, sondern zu Vorläufern erklärte und damit relativierte. Darüber hinaus ist der Anspruch auf universale Geltung der neuen Religion bemerkenswert, mit der diese den – in ihren Augen veralteten – Regionalismus oder Partikularismus überwinden will. In einer direkten Eingebung an einen seiner Priester ließ sich Cao-Dai in folgender Weise vernehmen:

Die Religion des einzigen Gottes ist notwendigerweise die einzige Religion, und alle Propheten haben sie gelehrt, aber sie ist lebendig und wachsend, nicht starr und unbeweglich. Die Lehre des Mose ist die Knospe, die Lehre Christi die Blüte, die Lehre Cao-Dais die Frucht. Die Blüte vernichtet nicht die Knospe, die Frucht nicht die Blüte: hier gibt es nicht Vernichtung, sondern Erfüllung. Die Deckblätter der Knospe müssen abfallen, damit die Blüte sich entfaltet und die Blätter der Blüte müssen abfallen, damit die Frucht sich bilden und reifen kann. Waren die Knospenblätter und die Blüten-

blätter etwa unnütz? Muß man sie beseitigen? Nein, die einen wie die anderen waren zu ihrer Zeit angemessen und notwendig. Ohne sie gäbe es keine Frucht![1]

In ähnlicher Weise formulierte die **Bahā'ī** ihren Anspruch, universale neue Offenbarung für eine zusammengewachsene Welt zu sein, der eine nur regional, nur partikular geltende Offenbarung nicht mehr angemessen wäre. So wie auch der Caodaismus stellt die Bahā'ī-Religion den Versuch dar, alle Verheißungen der voraufgegangenen Religionen zu erfüllen und sie damit zu überhöhen. Ihr Stifter war ein Perser namens Mīrzā 'Alī Muhammed (*1821), der 1844 den Ehrennamen Bāb, »Pforte, Türe«, erhielt. In der schiitischen Heiligenverehrung ist dies ein Ehrentitel für Personen, denen eine besondere Heiligkeit zuerkannt wird. Auf dem Boden des schiitischen Islam mit seiner Heilsgeschichte von einer Reihe von in der Verborgenheit wirkenden Imamen, den Nachfolgern 'Alīs, des Schwiegersohnes des Propheten Mohammed, konnte der Bāb zunächst als Werkzeug und Sprachrohr des verborgenen Imam gelten, der durch ihn seinen Willen der Welt kundtat. Mīrzā 'Alī Muhammed beanspruchte jedoch bald eine größere Würde als nur die eines Mittlers und verstand sich als Offenbarer, der in seiner Schrift Bayān, »Erklärung«, eine neue göttliche Wahrheit verkündete. Entsprechend der islamischen Lehre von dem relativen Recht der vorislamischen Offenbarer und ihren Wahrheiten verkündete auch der Bāb, daß die vorislamischen Propheten - traditionell Adam, Noah, Abraham, Mose, Jesus u.a. - den Menschen auf unterschiedlichen Entwicklungsstufen die göttliche Wahrheit verkündet hätten, die der jeweiligen Fassungskraft der Menschen angepaßt gewesen sei. Neu gegenüber dem Islam war die Einbeziehung des Propheten Mohammed, der so nicht mehr als »Siegel«, als Abschluß der Propheten gilt, sondern als einer in einer Reihe von Vorläufern und gefolgt von einem Nachfolger, der seine Offenbarung realisiert. Dementsprechend wurde der Bāb auch von den religiösen Autoritäten seines Landes aufs schwerste verfolgt, inhaftiert und schließlich 1850 in Täbris hingerichtet. Zusammen mit ihm kamen 20.000 seiner Anhänger um. Der Nachfolger des Bāb wurde Mīrzā Hussein 'Alī (*1817), der den religiösen Ehrennamen Bahā'ullāh, »Glanz (oder Herrlichkeit) Gottes«, annahm. 1852 wurde er aus Persien verbannt und schließlich nach Jahren der

[1] La constitution religieuse du Caodaisme, Paris 1953, S. 13.

Verfolgung 1868 in Akko in der Nähe der Stadt Haifa ins Gefängnis geworfen. Dort starb er nach 24-jähriger Haft im Jahre 1892. Er verfaßte im Gefängnis ein außerordentlich umfangreiches religiöses Œuvre, in dem auch zahlreiche Sendschreiben an die damaligen Herrscher der Großmächte enthalten sind, z.B. an den Zaren, an Napoleon III., den Papst und die Königin Victoria von England, denen Bahā'ullāh in vollmächtiger Weise als Stifter der letzten und damit vollkommensten, weil endgültigen Religion prophetische Weisungen erteilt. Der älteste Sohn und Nachfolger Bahā'ullāhs, 'Abdul Bahā, kommentierte die 12 Grundsätze der Bahā'ī-Religion. Zum Offenbarungsverständnis, auf das ich mich hier beschränken möchte, führte er folgendes aus: Der 3. Punkt lautet: *Alle Religionen haben eine gemeinsame Grundlage* und 'Abdul Bahā kommentiert:

Alle göttlichen Verordnungen beruhen auf ein und derselben Wirklichkeit. Diese Grundlage muß notwendigerweise die Wahrheit sein, und sie kann nur eine Einheit, nicht eine Vielheit bilden. Deshalb beruhen alle Religionen auf ein und derselben Grundlage. Im Laufe der Zeit sind gewisse Formen und Zeremonien in der Welt entstanden. Dieses vom Menschen geschaffene äußerliche Beiwerk ist unwesentlich und verursacht die Uneinigkeit und Streitigkeit unter den Religionen. Wenn wir aber diese äußere Form beiseite legen und die Wirklichkeit suchen, so zeigt sich, daß wir einig sind; denn es gibt nur eine göttliche Religion. [2]

Wenn sich diese Auffassung auch als eine Art Depravationstheorie (die Menschen verschlimmerten das ursprünglich Gute) von der Auffassung des Bāb unterscheidet, der ja von der sukzessiven Entfaltung der Wahrheit sprach, so stimmen doch beide Auffassungen darin überein, daß das Neue der Bahā'ī-Religion in einer neuen, auf Universalität angelegten Offenbarung und ihrer Verkündigung bestehe.

Ein letztes Beispiel für dieses Merkmal der neuen, die voraufgegangenen Offenbarungen überhöhenden Offenbarung als das, was an neuen Religionen neu genannt werden mag, ist die Neuoffenbarung durch Sun Myung Mun. Dessen religiöse Neustiftung trat im Westen zunächst noch unter ihrem koreanischen Namen *Tong Il* (»Vereinigung«) auf, sie bezeichnete sich aber bald in Deutsch-

[2] Die Bahā'ī-Religion. Eine Einführung, Frankfurt am Main 1964, S. 11ff.

land mit der vollständigeren Übersetzung ihrer koreanischen Namensform als »Gesellschaft zur Vereinigung des Weltchristentums« und nennt sich seit 1975 in Deutschland **Vereinigungskirche**. Bekannt ist sie schließlich weithin unter der abwertenden Bezeichung »Mun-Sekte«. Ihr Gründer und religiöser Führer ist der Koreaner Sun Myung Mun, der 1920 in einer nördlichen Provinz Koreas geboren wurde. Nach der Konvertierung seiner Eltern zur presbyterianischen Kirche erlebt der etwa 12-jährige Mun eine Krise, in der er um seine religiöse Vervollkommnung ringt. Im Jahre 1936 erscheint ihm Jesus und teilt ihm mit, daß er, Mun, dazu ausersehen sei, die seinerzeit erfolglos abgebrochene Mission Jesu zum erfolgreichen Abschluß zu bringen. In der auf diesen Auftrag folgenden Zeit ringt Mun nach dem Zeugnis seiner Gemeinschaft, die sein Leben in einer Art Heiligenlegende verklärte, intensiv um Gotteserkenntnis, ständig vom Satan bedroht, den Mun schließlich besiegt. Nach einer Einkerkerung durch die Japaner gründet Mun nach dem Ende des 2. Weltkrieges seine Gemeinde, und nach zahlreichen weiteren Gefangenschaften in Nordkorea kommt es schließlich 1954 in Seoul zur Gründung der Vereinigungskirche. Obwohl der ursprüngliche Name auf eine Vereinigung nur des weltweiten, vielfach zersplitterten Christentums hinzuweisen scheint, geht es doch von Anfang an um eine Synthese aller existierenden Religionen und als letztes religiöses Ziel um eine Vereinigung, eine Wiedervereinigung des Menschen mit Gott. Auch hier ist der Umgang der neuen Religion mit den alten Religionen charakteristisch: als neu erweist sich Muns Religion durch eine neue Offenbarung, als letzte in einer sukzessiv aufsteigenden Reihe von zuvor nur begrenzt realisierter Wahrheit. Es würde hier zu weit führen, die einzelnen Punkte der Lehre der Vereinigungskirche noch einmal zu entfalten, in der Fülle der Literatur über neue Religionen ist auch diese des öfteren dargestellt worden. Diese Lehre zusammen mit einer die ganze Menschheitsgeschichte einschließenden Heilsgeschichte hatte Mun in seinen »Göttlichen Prinzipien« veröffentlicht, von denen es im Vorwort heißt, daß sie nur einen Teil der von Mun empfangenen Botschaft darstellen; eine vollständige Veröffentlichung der vollen Wahrheit, über die Mun bereits jetzt verfügt, ist für die Zukunft zu erwarten. Die in den »Göttlichen Prinzipien« enthaltene Offenbarung überhöht nun nicht nur gleichsam in Buchgestalt die voraufgegangenen und nur begrenzten Realisierungen der Wahrheit, sondern Gott selbst hat die im Himmel anwesenden Autoritäten der Religionsgeschichte veranlaßt, vom Himmel aus als geistige Führer ihre Anhänger dazu zu bewegen, an der Errichtung des Gottesreiches auf Erden mitzuwirken, d.h. sich der endgültigen Realisierung der Wahrheit in Mun anzuschließen und diesem zu folgen. Die Neuheit des Neuen und die mit ihm verbundene Überhöhung des Alten erweist sich also darin, daß die Religionsgründer der alten Religionen postum zu Anhängern Muns werden. Damit ist in einer eigentümlichen Weise ein heilsgeschichtlicher End- und Schlußpunkt erreicht, der nicht zu überbieten ist. So heißt es in den »Göttlichen Prinzipien«:

Alle Religionen, die das Bewußtsein der Menschen erleuchteten, haben ihren Ursprung in der Verehrung Gottes. Der Taoismus, Konfuzianismus, Buddhismus, Zoroastrianismus, Islam, Shintoismus und Hinduismus haben alle zur geistigen Entwicklung der Menschen beigetragen. Diese Religionen legten die Grundlagen für die Erfüllung der letzten Dispensation (damit bezeichnen die Anhänger Muns das offenbarende Eingreifen Gottes in die Geschichte), *d.h. für die Errichtung des Reiches Gottes auf Erden. Jeder dieser großen Religionen liegt ein bestimmter Grad göttlicher Wahrheit zugrunde, und sie dienten die Zeitalter hindurch als Gottesinstrument, zur Verbindungsaufnahme mit den verschiedenen Menschengruppen. Die Gründer der verschiedenen Religionen und die großen Philosophen führen noch immer ihre Anhänger in der geistigen Welt und bilden somit separate Gruppen. In der Vergangenheit waren diese Gruppen voneinander getrennt, und keine wußte von der Aktivität der anderen. Mit dem Beginn der neuen Dispensation Gottes wurden jedoch die Schranken zwischen ihnen aufgehoben. Solche Schranken wurden im Paradies und in den anderen Regionen durch unterschiedliche Vorstellungen von Gott und dem Grad der geistigen Entwicklung entsprechend aufgerichtet. Die Auflösung der Schranken in der geistigen Welt hat ihre Parallele in der gegenwärtigen Abschaffung der Isolationspolitik durch Nationen und viele andere Gruppen auf der Erde. In diesem Sinne nähert sich die Welt stetig dem Ideal einer vereinigten Welt, und diese Bewegung reflektiert die Ereignisse, die sich gegenwärtig in der geistigen Welt abspielen.* [3]

---

[3] Die Göttlichen Prinzipien. Studienführer, Essen 1972, S. 129.

Das eigentliche Ziel der Vereinigungskirche, das Reich Gottes auf Erden nach der Niederwerfung des Bösen, vor allem in der Gestalt des Kommunismus, zu errichten, bleibt einem Vollender vorbehalten, der - wenn auch nur indirekt - sehr deutlich mit Mun identifiziert wird. Seine Hochzeit im Jahre 1960 ist die Hochzeit des Lammes aus dem 19. Kapitel der Johannesapokalypse, und mit dem wiedergekehrten Christus ist das »Neue-Testament-Zeitalter« beendet, das durch das Scheitern Jesu am Kreuz nicht die Vollendung erfahren konnte, und das »Erfüllte-Testament-Zeitalter« hat begonnen.

Mit diesen wenigen Beispielen sind einige der aus der zeitgenössischen Religionsgeschichte bekannten Argumentationsfiguren oder Denk- und Aussagemodelle skizziert, mit denen sich neue religiöse Bewegungen und neue Religionen allgemein von vorangegangenen Religionen zu unterscheiden, sich ihnen gegenüber zu profilieren trachten.

Es stellt sich nun die Frage, ob es neben dieser Behauptung des Neuen auch typische Inhalte gibt, die besonders geeignet sind, erfolgreich an die Stelle der vorgefundenen religiösen Traditionen zu treten. Selbst wenn mir auch diese offenkundig besonders erfolgreichen Inhalte in ihrer Anzahl begrenzt zu sein scheinen, muß ich mich hier auf eine schmale Auswahl beschränken.

Wenn wir uns noch einmal vor Augen führen, auf welche Weise sich im vietnamesischen Caodaismus der Gott Cao-Dai zu erkennen gab, wie es überhaupt dazu kam, daß Menschen auf ihn aufmerksam wurden, dann betreten wir das weite Feld des in der europäischen Neuzeit entstandenen und im Zuge der Kolonisation weltweit exportierten Spiritismus. Da der Spiritismus nicht nur in der relativ entlegenen Neureligion des Caodaismus eine zentrale Rolle spielt, sondern auch einen ständig wachsenden Einfluß auf die zeitgenössische Religionsgeschichte Brasiliens nimmt, schließlich auch auf alle möglichen Spielarten religiöser Subkultur, die wir mit dem Begriff Okkultismus zu bewerten versuchen, scheint es mir sinnvoll zu sein, kurz über den Spiritismus zu sprechen.

Die wichtigste Wurzel des Spiritismus liegt in dem Mesmerismus, jener Lehre des frühen 19. Jahrhunderts, die auf Franz Anton Mesmer zurückgeht (1734-1815), der mit seiner Theorie von der Heilkraft des »animalischen Magnetismus« Phänomene wie Hypnose und Suggestion erklärte. Die Schüler Mesmers studierten alle möglichen Erscheinungen, die wir heute als Gegenstände der Parapsychologie bezeichnen würden, darunter auch Formen der Kommunikation mit den Geistern Verstorbener mit Hilfe von Medien, durch deren Mund die Verstorbenen, darunter übrigens auch Mesmer selbst, sich äußerten. Die Mitteilungen der Geister betrafen vor allem das Leben nach dem Tode und die Möglichkeit der Reinkarnation, also der Wiederverkörperung Verstorbener.

Zu diesen frühen spiritistischen Kreisen stieß um die Mitte des 19. Jahrhunderts ein französischer Pädagoge namens Hippolyte Denizard Rivail (1804-1869), der bald seine Erlebnisse mit den Geistern der Verstorbenen in einem programmatischen »Buch der Geister« zusammenfaßte und systematisierte. Als ihm ein Geist einmal anvertraute, er, Rivail, sei ihm schon in vergangener Vorzeit als Kelte namens Allan Kardec begegnet, nannte er sich fortan mit diesem Namen. Sein »Buch der Geister« fand zusammen mit weiteren Schriften und einer spiritistischen Zeitschrift weiteste Verbreitung, die noch dadurch gefördert wurde, daß sie in Spanien 1861 in einem kirchlichen Autodafé, dem letzten dieser Art, verbrannt wurden, und Allan Kardec als Vorkämpfer eines antiklerikalen Spiritismus, einer Art neuen Wissenschaft gefeiert wurde. Seine Lehren fielen vor allem in den Ländern Lateinamerikas auf fruchtbaren Boden, insbesondere in Brasilien.

Während sich jedoch der Kardecismus in Europa als Wissenschaft verstand, erhielt er in Brasilien das Gepräge einer Religion. Beiden gemeinsam sind die folgenden Grundüberzeugungen: die Verstorbenen leben als desinkarnierte, als entmaterialisierte Geister, mit denen in Kontakt zu treten den Menschen möglich ist. Die Geister werden je nach der moralischen Qualität ihres Erdenlebens in unterschiedlichen Graden der Vollkommenheit reinkarniert; die mit den Geistern kommunizierenden Menschen helfen ihnen auf diesem Weg der sich in Wiedergeburten realisierenden Vollendung. Jesus Christus beispielsweise gilt als besonders weit fortgeschrittener desinkarnierter Geist, seine Lehre, die »zweite Offenbarung«, die, nach der ersten des Alten Testaments, im Liebesgebot zusammengefaßt wird, ist durch die »dritte Offenbarung« der spiritistischen Lehre überhöht und vollendet. Diese religiös-spiritistischen Lehren trafen nun in Brasilien mit den Anschauungen der nur äußerst oberflächlich christianisierten schwarzen Bevölkerung zusammen und konnten von den aus Afrika stammenden Sklaven mühelos mit ihren Anschauungen vom Leben der verstorbenen Ahnen als Geister, mit denen man in Kontakt treten kann, identifiziert werden. So entstanden eine Reihe von afro-brasilianischen, oder afro-amerikanisch-spiritistischen Religionen, bekannt sind sie unter den Namen **Candomblé**, **Xangô**, **Macumba** und in erster Linie als **Umbanda**.

Die letzte, aus Afrika stammende Benennung, deren ursprüngliche Bedeutung mit dem Heilen zusammenhängt, ist zunehmend zum Oberbegriff für diesen brasilianischen Religionstyp geworden, vor allem wohl auch deshalb, weil es innerhalb der Umbanda wachsende Tendenzen von einer religiösen Bewegung weg zu einer etablierten neuen Religion hin gibt. Diese versteht sich - verbunden mit einem massiven brasilianischen Nationalismus - als die »zukünftige Religion, die die Welt beherrschen wird«. Im Mittelpunkt der Praxis dieser Religion steht eine Kulthandlung, deren Kern im folgenden besteht: aus der Vielzahl der desinkarnierten Geister werden einzelne durch Gebete, Gesänge oder Beschwörung in ein Medium herabgerufen, um den Teilnehmern der Kulthandlung mit Ratschlägen und Auskünften in schwierigen Lebenslagen zu helfen. Dabei nimmt der Geist vollständig von dem Medium Besitz, dessen Persönlichkeit transformiert wird. Die Umbandisten sprechen davon, daß das Medium von dem Geist »geritten« wird.

Während es beim kardecistischen Spiritismus die Menschen sind, die den Geistern auf dem Weg der Vervollkommnung helfen, sind es in der Umbanda umgekehrt die Geister, von denen die Menschen Hilfe und Rat erhoffen. Neben den desinkarnierten Geistern rechnet Umbanda noch mit einer Fülle von Göttern, größtenteils westafrikanischer Herkunft, die in verschiedenen Klassen gedacht werden und von denen den einen positive, den anderen negative Wirkungen zugetraut werden. Die bekannteste weibliche Gottheit beispielsweise ist Yemanjá, die Herrin des Meeres und die Schutzpatronin von Liebe und Ehe, die durch ihr Fest in der Neujahrsnacht an den Stränden Rio de Janeiros auch hierzulande wohl bekannt sein dürfte. Diese aus Afrika stammenden Götter und Ahnen werden, wohl nicht nur aus Gründen der Tarnung, mit den Heiligen der katholischen Kirche identifiziert, deren Attribute und sonstigen Erkennungsmerkmale sie tragen.

So stellt sich auch nach diesem wenigen Gesagten Umbanda dar als ein Konglomerat aus verschiedenen religiösen Traditionen – afrikanischer, christlicher und spiritistischer Herkunft –, und in einer wachsenden Zahl von religiösen Umbanda-Traktaten wird der Versuch unternommen, hier systematisierend Ordnung zu schaffen. Dabei müssen wir uns folgendes vor Augen halten: prinzipiell kann der Geist eines jeden Verstorbenen in einer Umbanda-Kulthandlung, einer Sessão, in ein Medium herabgerufen werden. Wenn man bedenkt, wie viele Menschen schon seit Anbeginn der Welt gelebt haben, dann mag der Wunsch verständlich erscheinen, diese Milliarden Geister Verstorbener in Abteilungen zusammenzufassen, in sogenannten Phalangen oder Linien mit jeweils ihnen zugeordneten Göttern als Anführern. Und so kommt es, daß alle Menschen, wo auch immer auf der Welt sie gelebt haben, in den Dienst der Umbanda gerufen werden können, wohlbemerkt: gleichgültig welcher ehemaligen Religionszugehörigkeit. So kann – jedenfalls nach umbandistischer Anschauung – der verstorbene Hindu oder Muslim ebenso wie der desinkarnierte Christ damit rechnen, von einem Anhänger der Umbanda in die Persönlichkeit eines brasilianischen Mediums herabgebeten zu werden, unabhängig davon, ob seine Religion dieses jenseitige Geschick vorsah oder nicht. Auch Anhänger von Religionen, die diese Möglichkeit der Reinkorporation ausdrücklich bestreiten, wie z.B. die Christen, werden so – *post mortem* – eines Besseren belehrt. Man sieht, damit gelingt der Umbanda eine Überhöhung oder Überbietung aller vorangegangenen Religionen, die in dieses Schema von Desinkorporiertheit – Inkorporation integriert werden.

Dies ist das eine, wodurch sich Umbanda gegenüber den alten Religionen als neu erweist; mit einer anderen Beobachtung möchte ich diese Überlegungen abschließen: fast alle Brasilianer, nicht nur Angehörige der Unterschicht, haben schon einmal an Umbanda-Sessões teilgenommen, eine sehr große Zahl gehört zu ihrer Anhängerschaft, ohne doch den im Lande absolut vorherrschenden Katholizismus verlassen zu haben. (Die letzte umfassende Religionsstatistik schätzt 33 Millionen Anhänger der Umbanda bei einer Gesamtbevölkerung von 135 Millionen – die Zahl wird jedoch wegen der hohen »Dunkelziffer« enorm nach oben korrigiert werden müssen). D.h., auch Christen setzen sich mit einer Religion auseinander, die einen Begriff von Person hat, der gegenüber dem christlichen Personbegriff (der Mensch lebt und stirbt nur einmal, ihn erwartet ein Gericht für die Taten dieses einen Lebens) erweitert ist. Wer, z.B. als Christ, zur Umbanda übertritt (indem er künftig eben nur noch Umbanda-Sessões besucht), vergrößert seine Existenz ins Unermeßliche: sowohl in Richtung auf ein Leben vor seiner Geburt als auch in Richtung auf ein Leben nach seinem Tod, es ist dies eine »Bewußtseinserweiterung«, eine Erweiterung des Personbewußtseins, die mir einerseits inhaltlich hochbedeutsam zu sein scheint, andererseits sicher eine große Faszination ausüben dürfte und schließlich jedenfalls etwas zu sein scheint, wodurch auch diese neue religiöse Bewegung, diese neue Religion, sich als etwas Neues gegenüber den alten Religionen erweist.

Ich möchte zum Schluß ein letztes Beispiel für eine religiöse Bewegung anführen, deren Neuheit ebenfalls, wenn auch auf gänzlich andere Weise, in einer Neufassung, Neubewertung und Vergrößerung des Personbewußtseins, des Ich-Bewußtseins besteht, ich meine die Bewegung der **Rastafarier** Jamaikas.

Hierzulande sind die Rastafarier vor allem indirekt bekannt geworden, d.h. eher durch ihre Musik, den Reggae und durch ihre eigentümliche, religiös gebotene Haartracht, ihre Dreadlocks, als durch ihre eigentlichen religiösen Anschauungen. Und eine ihrer religiösen Hymnen, die eine Paraphrase des nachexilischen Psalms 137 enthält, ist durch die Interpretation der synthetischen Popgruppe Boney M. geradezu zum Gassenhauer verkommen. Und doch gibt es für die Schwarzen Jamaikas genug Anlaß zu Trauer und Klage, wenn sie singen:

An den Flüssen Babylons, wo wir uns niedersetzten
und bitterlich weinten, wenn wir Zions gedachten.
Aber die Bösen verschleppten uns - Gefangenschaft,
sie verlangen von uns ein Lied ...
Wie können wir das Lied König Alphas singen
in einem fremden Land.

Es sind die Schwarzen - und die Rastafarier verstehen sich als die zum Wissen um diese Tatsache Gelangten -, die in das babylonische Exil verschleppt sind und in Gefangenschaft leben. Sie mußten ihre Heimat Zion verlassen und werden von ihren Peinigern verhöhnt; in Zion aber lebt der große König, und »König Alpha« ist nur einer unter den vielen Namen, mit dem die Rastafarier von ihrem Gott singen. Die hauptsächliche Quelle ihrer religiösen Erkenntnis ist die Bibel, wie die Paraphrase des biblischen Textes in der zitierten Hymne zeigt. In den Büchern der Bibel versuchen die Rastafarier den ursprünglichen Sinn zu rekonstruieren, denn die Weißen haben in ihrer Bosheit nicht nur die Schwarzen Afrikas in die weltweite Sklaverei verschleppt, sondern sie waren es schließlich, aus deren Händen die Schwarzen die Bibel empfingen; was wunder, daß der ursprüngliche Wortsinn der biblischen Texte von den Weißen boshaft verdreht wurde und so die Falschaussage zustande kam, es seien die Juden gewesen, die in das babylonische Exil verschleppt wurden. In Wahrheit leben die Schwarzen, und zwar bis zum heutigen Tag, im Exil, sie sind es, die unter dem babylonischen Joch zu leiden haben, und ihre Rückkehr in ihre Heimat, Afrika, steht immer noch aus. Aufgrund ihrer eigentümlichen Auslegung der Bibel identifizieren die Rastafarier diese ihre ursprüngliche und endgültige, dereinstige Heimat Afrika mit Äthiopien. Und sein Herrscher, Haile Selassie I., ist es schließlich, der seine verbannten Kinder zurückholen wird, und zu ihm beten die Rastafarier, wenn sie das Ende ihres Exils erflehen. Der Taufname des Kaisers, Tafari, verbunden mit dem Titel Ras (»Herr«) wurde deshalb auch namengebend für diejenigen, die sich nach ihm Rastafarians, Rastafarier oder kurz Rastas nennen. Der Kaisername Haile Selassie I. birgt für den Rastafarier noch eine weitere fundamentale religiöse Wahrheit: die römische »I« bedeute in Wirklichkeit das Pronomen der ersten Person Singular, englisch »I«, der Gott heißt also Haile Selassie »Ich«. Ebenso erkennen die Rastafarier auch im Namen Ras Tafari das »Ich«, indem sie von »Ras Tafar-I« sprechen. Die Bedeutung der in dieser theologischen Interpretation des Gottesnamens implizierten Glaubensaussage wird folgendermaßen entfaltet. Zunächst ist damit die traditionelle und der Schöpfungsgeschichte entnommene Gottebenbildlichkeit intendiert, diese wird aber noch wesentlich radikaler gedacht: denn Gott führt nicht nur in seinem Namen das »Ich«, sondern Ich bin es selbst, der so zum Gott wird. Wurde mit der Erkenntnis von der Gottheit Haile Selassies grundlegend mit jeder Theologie gebrochen, die die Jenseitigkeit Gottes voraussetzte, insofern dieser ja in Wahrheit ein lokalisierbarer und nur noch nicht greifbarer Herrscher sei, so wird die Gottheit gewissermaßen noch radikaler vom Himmel herabgeholt, da es jeder einzelne Mensch ist, der in seinem Ich Gott ist. Der Zusammenhang zwischen einem immerhin jenseits des Meeres lebenden Gott und dem lebendigen Gott im

Ich wird nicht auf dem Wege der Entfaltung theologischer Unterscheidungen, sondern - soweit ich sehe - mit dem Hinweis auf die Erfahrung hergestellt: wer wahrhaft sich seines Ichs bewußt geworden ist, weiß, wie Ich und Rastafari zusammengehören.

Als 1975 in den Zeitungen gemeldet wurde, Haile Selassie sei im Alter von 83 Jahren gestorben, wurde diese Information von den Rastafariern als typische kolonialistische Lüge abgetan, und zwar auch mit theologischer Begründung:

Das Volk, das jetzt sagt, Jah [ein anderer Gottesname] *sei tot, ist dasselbe, das vor 2000 Jahren Jesus gekreuzigt hat. Denn Jah nimmt das Herz von uns, damit es sein geheimer Wohnplatz sei. Und so geschieht es mit jedem, der Leben in sich hat.*

Und darin liegt das entscheidend Neue, das neue und erweiterte Person- oder Ich-Bewußtsein: das Bewußtsein, daß das eigene Ich etwas unendlich Kostbares sei, bricht radikal mit dem für jeden Menschen afrikanischer Herkunft mit der Geschichte der Sklaverei verbundenen Verlust an Selbstbewußtsein. Immer wieder wird in den Texten der Rastafarier der Bruch mit der Sklaverei gefeiert; und nun eben nicht mehr der herumgestoßene Sklave, das Objekt von jemandes anderen Willen zu sein, sondern sich selbst als Subjekt zu erfahren, als Ich, ist eine Erfahrung, die zu preisen die Rastafarier nicht müde werden.

Auch bei dieser neuen religiösen Bewegung - sie ist aufgrund eines extremen Individualismus weit davon entfernt, eine Organisation zu entfalten - steht deutlich sichtbar im Mittelpunkt eine Steigerung des Ich-Bewußtseins, eine Neubestimmung und Erweiterung der Person. Und mir scheint, dieser Gesichtspunkt des Neuen findet sich in allen religiösen Neustiftungen der Gegenwart; sicher nicht ausschließlich, sondern zusammen mit anderem Neuen, mit dessen Hilfe besser und einleuchtender als zuvor neuen Herausforderungen der Gegenwart begegnet werden kann. Aber mir scheint die Neubewertung der Person der Gesichtspunkt zu sein, der am zutreffendsten die Faszination erklärt, die neue religiöse Bewegungen oder neue Religionen heute hervorrufen.

Angaben zu den Personen:

Peter Antes, geb. 1942, Dr. theol. Dr. phil., Professor für Religionswissenschaft an der Universität Hannover seit 1973.
Forschungsschwerpunkte: Islamische Ethik, Methodenfragen der Religionswissenschaft, Vermittlung religionswissenschaftlicher Grundkenntnisse.
Veröffentlichungen u.a.: Die Botschaft fremder Religionen. Hinduismus, Buddhismus, Islam, 1981. Ethik und Politik im Islam, 1982. Christentum - eine Einführung, 1985.

Heinz Bechert, geb. 1932, Dr. phil., Professor für Indologie und Buddhismuskunde an der Universität Göttingen seit 1965. Mitglied der Akademie der Wissenschaften Göttingen.
Forschungsschwerpunkte: Indischer und südostasiatischer Buddhismus.
Veröffentlichungen u.a.: Buddhismus, Staat und Gesellschaft, 1966-1973. Einführung in die Indologie (mit G. von Simson), 1978. Die Sprache der ältesten buddhistischen Überlieferung (Hg.), 1980. Zur Schulzugehörigkeit der Hinayana-Literatur (Hg.), 1980. Die Welt des Buddhismus (mit R. Gombrich), 1984.

Bernhard Kölver, geb. 1938, Dr. phil., Professor für Indologie an der Universität Kiel seit 1976, vorher an der Universität Köln. Leiter des Nepal-German Manuscript Preservation Project 1970-72.
Forschungsschwerpunkte: Nepal, nepalesische u.a. Handschriften.
Veröffentlichungen u.a.: Textkritische und philologische Untersuchungen zur Rajatarangini des Kalhana, 1971. Ordered Space: concepts and functions in a town of Nepal (mit N. Gutschow), 1975. Re-Building a Stupa, 1990.

Mark Münzel, geb. 1943, Dr. phil., Professor für Völkerkunde an der Universität Marburg seit 1989. 1973-89 Kustos des Museums für Völkerkunde in Frankfurt/Main.
Forschungsschwerpunkt: Indianer Südamerikas.
Veröffentlichungen u.a.: Medizinmann und Geistervorstellungen der Kamayura, 1971. Die Indianer. Kulturen und Geschichte (mit W. Lindig), 1976. Die indianische Verweigerung. Lateinamerikas Ureinwohner zwischen Ausrottung und Selbstbestimmung (Hg.),

1978. Die Mythen sehen. Bilder und Zeichen vom Amazonas (Hg.), 1988.

Pnina Navè Levinson, geb. 1921, Dr. phil., Gastprofessorin für Judaistik an der Universität Heidelberg seit 1967.
Forschungsschwerpunkt: Judaistik.
Veröffentlichungen u.a.: Du unser Vater. Jüdische Gebete für Christen, 1975. Einführung in die rabbinische Theologie, 1982. Was wurde aus Saras Töchtern? Frauen im Judentum, 1989.

Annemarie Schimmel, geb. 1922, Dr. phil. Dr. sc.rel., Professorin für Indo-Muslim Culture an der Harvard University, Cambridge Mass., vorher an den Universitäten Marburg, Ankara und Bonn.
Forschungsschwerpunkte: Islamkunde, Indo-Muslim Culture.
Veröffentlichungen u.a: Lyrik des Ostens (Hg.mit W. Gundert u. W. Schubring), 1952. Die Religionen der Erde; Dinler Tarihine Giris, 1955. Islamic Calligraphy, 1970. Mystical Dimensions of Islam, 1975. Islam in the Indian Subcontinent, 1980. Gärten der Erkenntnis, 1982.

Theo Sundermeier, geb. 1935, Dr. theol., Professor für Religionsgeschichte und Missionswissenschaft an der Universität Heidelberg seit 1983, vorher an der Universität Bochum.
Forschungsschwerpunkte: Afrikanische Religionen und Hermeneutik interkultureller Begegnung.
Veröffentlichungen u.a.: Wir aber suchten Gemeinschaft. Kirchwerdung u. Kirchentrennung in Südwestafrika, 1973. Die Mbanderu. Studien zu ihrer Kultur und Geschichte, 1976. Nur gemeinsam können wir leben. Das Menschenbild schwarzafrikanischer Religionen, 1988.

Hans Wissmann, geb. 1944, Dr. phil., Professor für Religions- und Missionswissenschaft an der Universität Mainz seit 1989, vorher an der Universität Heidelberg.
Forschungsschwerpunkte: Altamerikanische Religionsgeschichte, neue religiöse Bewegungen - neue Religionen.
Veröffentlichungen u.a.: Sind doch die Götter auch gestorben. Das Religionsgespräch der Franziskaner mit den Azteken 1524, 1981. Aufsätze zum Thema.